HISTOIRE

MORALE, CIVILE, POLITIQUE

ET LITTÉRAIRE

DU CHARIVARI,

Depuis son origine, vers le ive siècle,

PAR LE DOCTEUR CALYBARIAT,

DE SAINT-FLOUR ;

SUIVIE

DU COMPLÉMENT DE L'HISTOIRE DES CHARIVARIS,

JUSQU'A L'AN DE GRACE 1833,

PAR ÉLOI-CHRISTOPHE BASSINET,

SOUS-MAÎTRE A L'ÉCOLE PRIMAIRE DE SAINT-FLOUR,

ET AIDE-CHANTRE A LA CATHÉDRALE.

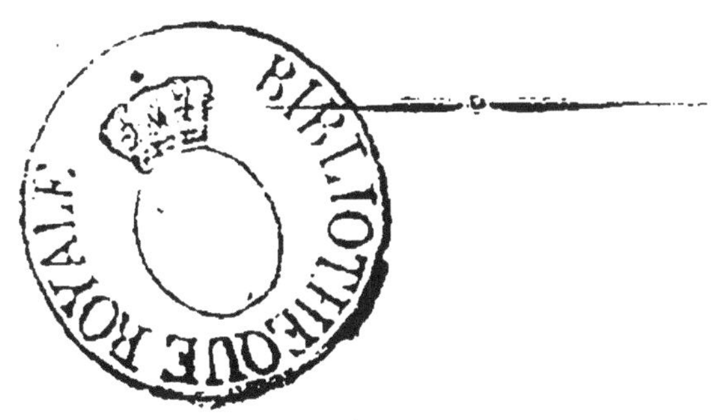

PARIS,

A LA LIBRAIRIE RUE DE VAUGIRARD, N° 9.

ET CHEZ DELAUNAY, LIBRAIRE, AU PALAIS-ROYAL.

1833.

Épître dédicatoire.

A

MES CHERS COMPATRIOTES,

MM. LES CHAUDRONNIERS

DE SAINT-FLOUR,

TANT RÉSIDANS QUE FAISANT LEUR TOUR DE FRANCE.

CHERS COMPATRIOTES,

J'épiais depuis long-temps l'occasion de vous offrir un témoignage public de la haute considération que vous ont acquise vos talens dans l'art de fabriquer chaudrons, poêles, poëlons, etc. Cette heureuse occasion se présente; je m'empresse de la saisir.

Sachez, mes chers amis, que, le premier en Europe, j'ai le bonheur de publier une histoire jusqu'alors inconnue, une histoire de la plus grande importance, une histoire unique, l'histoire enfin du CHARIVARI, de ce concert mélodieux dont votre industrie fournit les élémens fondamentaux. Oui, c'est à vous que sont dus ces divins instrumens dont les accords touchans produisent une si douce harmonie!

J'ai donc pensé, mes chers compatriotes, qu'il était de toute justice de vous associer à ma gloire, en plaçant votre nom en tête de cette admirable histoire; et, en cela, vous avouerez que je ne mets pas la pièce à côté du trou, comme il vous arrive assez souvent. C'est avec la plus large effusion de cœur que je remplis ce devoir, que vos douces habitudes, vos manières affables, votre costume élégant et vos connaissances profondes me prescrivent depuis bien des années.

Recevez donc avec bienveillance, mes chers compatriotes, l'hommage de ce chef-d'œuvre dont l'éclat rejaillira sur notre patrie. Vous y trouverez le germe d'un légitime orgueil sur l'antiquité de votre race et de votre profession. En effet, vous y verrez que le Charivari remonte au quatrième ou cinquième siècle de notre ère; or, point de Charivari sans chaudrons, point de chaudrons sans Chaudronniers; donc votre illustration remonte à une aussi respectable antiquité, et se confond avec le berceau de notre monarchie, si tant est que ladite monarchie remonte jusque là. Dites-moi, je vous prie, quelle noblesse peut se flatter d'une origine aussi reculée?

Mais vous verrez bien d'autres choses dans ce bijou historique. Plus plein qu'il n'est gros, ce précieux volume renferme de quoi satisfaire tous les goûts; il abonde en recherches curieuses, en anecdotes piquantes, en belles émeutes, en choses communes, en platitudes, en niaiseries; car enfin il en faut pour tout le monde, et pour vous en particulier, mes chers compatriotes. Je le dis donc sans vanité, ce livre est un vrai trésor. Cependant il pourra s'y trouver quelques passages un peu relevés ou dans une langue étrangère à l'Auvergnat; ces passages, pour de bonnes raisons, vous intéresseront très peu; eh bien, sautez-les à pieds joints, la page suivante vous dédommagera.

Une chose encore remarquable, et dont sans doute vous saurez gré à l'Éditeur, c'est de n'avoir point employé un caractère microscopique pour ce beau monument. Certes, ce n'est point une babiole à mettre dans un chaton de bague comme un certain Larochefoucauld, un certain Horace de je ne sais quels typographes; non, on connaissait vos talens et vos besoins en fait de lecture ; voilà pourquoi l'on vous a gratifiés d'un caractère très lisible, aussi agréable à l'enfant qui épèle qu'au vieillard, qui sera tout fier de le lire sans lunettes. Quoique l'ouvrage soit destiné à toutes les classes de la société, qui en rafolleront, c'est vous que l'on a eu en vue dans l'emploi du caractère en question : remerciez donc M. l'Éditeur.

Il me reste à vous faire une prière, mes chers amis ; c'est de veiller à ce que l'infernale Critique ne vienne point barrer le chemin au succès de mon livre. Je fais l'aveu que je suis singulièrement chatouilleux sur cet article, et que l'épiderme de mon amour-propre d'auteur est excessivement délicat. Agissez donc en conséquence ; soyez mes prôneurs et les satellites de ma gloire. Vous êtes de bonnes gens qui ne voulez ni plaies ni bosses, qui ne donnez ni ne recevez de Charivaris ; je suis des vôtres : je raconte mes historiettes sans malice, je veux qu'on les lise de même. Mes intentions sont aussi pures que le cuivre, l'étamure et la soudure que vous mettez en œuvre; j'ai donc droit à votre puissante protection. J'espère bien que si quelques téméraires osent m'attaquer, tous les chaudrons de Saint-Flour deviendront entre vos mains autant de boucliers levés pour ma défense. Plus fier de ce rempart redoutable que Don Quichotte de son armet de Mambrin (qui est aussi votre ouvrage), et enhardi par ce généreux dévouement de votre part, je n'hésiterai point à présenter à la tempête un front d'airain, plaqué de cette douce reconnaissance avec laquelle je suis et serai usque ad talpas,

Mes chers compatriotes,

Votre tout dévoué,

LE DOCTEUR CALYBARIAT.

TABLE

DES DIVISIONS DE L'OUVRAGE.

HISTOIRE

MORALE, CIVILE ET POLITIQUE

DU

CHARIVARI.

———◆———

INTRODUCTION.

J'ENTREPRENDS l'histoire du CHARIVARI, de cette institution populaire, dont l'origine a précédé la nuit du moyen âge, et qui, malgré son ancienneté et malgré mille actes de prohibition, se soutient encore avec éclat. La persévérance dans cette agréable coutume, qui n'a rien perdu du charme qu'elle exerce sur les oreilles de ceux qui en sont l'objet et sur celles de leurs voisins, tient sans doute à ce qu'en a dit un ancien magistrat bourguignon du xviie siècle : « Qu'elle emporte « avec elle un dous admonestement et « une correction en passant ». Cependant, quoiquë cét antique usage soit toujours le même quant au mode d'exécution, quant à la nature des instrumens et à la mélodie qui résulte de leurs singuliers et bruyans accords, il faut convenir que la cause primitive dudit usage a éprouvé, à la longue, des modifications, des changemens et même des révolutions dont l'histoire ne peut être que très curieuse, très instructive et très édifiante pour le public, c'est-à-dire pour toutes les classes de la société, grands et petits, nobles et roturiers, bons bourgeois et sotte canaille, si pourtant canaille il y a, ce dont je doutais fort quand nous avions le bonheur (en 1793) de vivre sous le niveau de la sainte égalité, surmonté du triangle d'acier, comme dit l'aimable poète M. Barthélemi; et dont je doute encore aujourd'hui, quoique ledit triangle ne soit en ce moment qu'en expectative.

C'est donc cette histoire, mes chers amis, que je vais vous donner. Je comptais d'abord m'aider de toutes les recherchés des écrivains qui auraient traité avant moi cet important sujet; mais quelle a été ma surprise, quand après avoir parcouru la Bibliothéque du Roi, et, grâces à l'affable et extrême obligeance bien connue d'un monsieur qu'on appelle Van Praet, et en avoir perscruté les sept cent et quelques milliers de volumes, depuis l'*in-folio* atlantique jusqu'au minime *in*-32, je n'ai pas trouvé un seul opuscule, si mince fût-il, qui traitât spécialement du Charivari (1)! Je vous avoue que cela m'a cassé bras et jambes ; le découragement succéda

---

(1) Je dis *spécialement,* car il existe un vieux bouquin, devenu fort rare, dans le titre duquel le mot *charivari* se rencontre, mais à la suite de plusieurs autres choses ; c'est l'ouvrage de Claude Noirot, jurisconsulte, né à Langres en 1570 ; il a pour titre : *Origine des masques, momeries, bernez et revannez ès jours gras de caresme-prenant, menez sur l'asne à rebours, et charivary.* Lengres (*sic*), Chauvelet, 1609, pet. in-8°. de 148 pag. et 4 feuillets préliminaires. M. l'abbé Mathieu dit, dans sa *Biographie de la Haute-Marne,* que « cet ouvrage est singulier, piquant « et rempli d'érudition ; il n'y manque que le « style et le goût ». Il y manque aussi une bonne partie de ce que M. Mathieu lui accorde ; mais sa rareté le fait aller très haut dans les ventes, de 20 à 30 francs, et quelquefois au-delà.

à la surprise, et j'allais renoncer à mon projet, quand tout à coup une idée lumineuse jaillit de mon cerveau, ranima mon courage, et changea ma peine en une joie presque immodérée. « Quoi! me suis-je
« dit, tu seras le premier qui entrera dans
« cette illustre carrière! ô bonheur inouï!
« Découvrir un sujet vierge, et cependant
« si connu! un sujet qui, dans tous les
« temps, a excité des transports d'hilarité
« parmi le peuple; un sujet qui tient au
« nœud conjugal rédupliqué, aux singu-
« larités matrimoniales, à certaines con-
« testations biscornues survenant dans le
« ménage, enfin aux petites vanités de ce
« bas-monde, réduites en fumée à coups
« de chaudron! Oh! oui, tu es trop heu-
« reux d'avoir à nous dérouler tant et de
« si jolies choses dans un charmant petit
« volume qu'il faudra sans doute multiplier

« à l'infini ; car bien certainement tous les
« intéressés, acteurs, spectateurs et pa-
« tiens, voudront le posséder comme un
« manuel indispensable. Historien mille
« fois plus chanceux que les Thucydide,
« les Tite-Live, les Tacite, les Mézeray,
« quelle gloire immortelle t'attend ! Tous
« les charivariseurs (1) de France regret-

---

(1) *Charivariseur*. Ce mot n'est pas français ; je
le sais comme vous, mon cher lecteur ; aussi je
vous demande la permission de le créer, ainsi que
quelques autres, pour éviter des périphrases, qui
font toujours languir le discours. Les habilés néolo-
gues, Ch. Nodier, Sainte-Beuve, V. Hugo et consorts,
en font, ma foi, bien d'autres dans leurs brillantes
logomachies. Au reste, je puis vous assurer que
j'ai étudié dans Horace, dans Vaugelas, dans Ménage, dans Bouhours, dans Voltaire, dans Des-
fontaines, dans Demaistre et dans madame de
Staël, toutes les conditions à remplir pour créer

« teront de ne pouvoir se réunir à ta porte

« pour te témoigner leur reconnaissance,

« et s'écrier, ton livre à la main, au milieu

« de leur tapageuse ivresse :

CHARIVARI !

Pour qui ?

Pour notre bon ami,

Qui n'a pas fait a demi

Notre histoire que voici.

Vivat, vivat, vivat,

Perpetuòque vivat

LE DOCTEUR CALYBARIAT ! »

Bercé des douces illusions de cette gloire future, je me suis empressé de suppléer à la pénurie de toute spécialité sur le charivari ; j'ai cherché moi-même mes matériaux, et grâce à vingt volumes *in-folio*

de nouveaux mots qui aient vie. Soyez donc tranquille, cher lecteur, je n'abuserai pas de la permission que je vous prie de m'accorder.

de jurisprudence, à trente volumes *in-4°* d'histoire et à une cinquantaine d'*in-octavo* de philologie, je suis en état d'aborder le sujet donné, et de le traiter aussi bien qu'homme qui vive, c'est-à-dire *ex professo*. Mais il faut procéder par ordre. Je donnerai d'abord la définition du charivari, ses causes et motifs, j'indiquerai les différens noms qu'il a eus dans diverses provinces; ensuite je passerai à son étymologie, qui n'est pas une petite affaire, car beaucoup de savans ont pénétré dans cet antre obscur, et en sont sortis comme ils y étaient entrés. Puis je tracerai son histoire, qui renfermera la relation de tous les charivaris anciens et modernes parvenus à ma connaissance, ainsi que les prohibitions que cette institution a encourues dans tous les temps, soit de la part des conciles et synodes, soit de la part des parlemens, soit de la part de la police, qui, comme l'on sait, fourre son nez partout. Enfin, je terminerai le volume par un Essai sur le perfectionnement du charivari, dans lequel seront désignés très exactement le choix, le nombre, la nature et la qualité de tous les instrumens soit à vent, soit à cordes, soit de percussion, les plus propres à produire un vacarme tel, que tous les chiens du quartier accourront d'eux-mêmes, le poil hérissé et la gueule entr'ouverte, pour renforcer la partie vocale du concert; et les chats, quittant en sursaut leurs gouttières, iront tout effarés, jusqu'au-dessus des cheminées, roucouler leurs miaulemens d'effroi. Ce sera le dernier chapitre du livre : tel est mon plan.

Vous voyez, mon cher lecteur, que cela

formera un code complet du Charivari, sous le rapport historique, judiciaire et industriel. Avouez donc que, si le gouvernement entend bien ses intérêts, il fera rendre une bonne lōi, pour ajouter ce code précieux aux huit autres que nous possédons déjà; et alors, grâces à Dieu et au docteur Calybariat, votre petit serviteur, la législation française, le modèle de toutes les législations, ne laissera plus rien à désirer.

Entrons en matière.

I.

DÉFINITION DU CHARIVARI.

Qu'est-ce que le *Charivari?* D'après l'opinion des plus habiles jurisconsultes et des hommes les plus expérimentés en icelle partie, soit pour la théorie soit pour la pratique, le *Charivari* est un bruit confus de poêles, chaudrons, pelles, casseroles, pincettes, marmites, bassins, cloches, sonnettes, cornets-à-bouquin, becs de clarinette, trompes, sifflets, crécelles, etc., etc., etc., accompagné de cris, de huées et d'une proclamation en règle du nom du héros et du sujet de la fête;

le tout exécuté par gens du peuple ou gens qui ne se croient pas du peuple, devant la résidence de certaines personnes qui, à raison de certain événement récent qui les regarde spécialement, se sont attiré ce témoignage public de congratulation.

Dans le principe, le Charivari n'a eu lieu qu'à l'égard des veuves ou des veufs qui convolaient en secondes ou en troisièmes noces. Ensuite, on l'a étendu à de vieilles veuves qui prenaient de jeunes époux, ou à de vieux grigous qui prenaient de jeunes femmes. L'appétit, comme on dit, vient en mangeant, et le peuple ne s'arrête pas en si beau chemin, surtout quand il s'est acquis le droit de censurer par une joyeuse réunion tout ce qui ne lui paraît pas dans les convenances ou qui peut le choquer; aussi, après les secondes noces et les mariages disproportionnés, vint le tour des femmes qui, usurpant le droit de la barbe, se permettaient de battre leurs maris; puis celui des maris qui, corrigeant leurs femmes, et n'y allant pas de main morte, répétaient trop sonvent et trop sévèrement ladite correction. Furent également soumis au Charivari de benins époux qui, souffrant trop ouvertement et trop débonnairement l'influence de certain astre échancré... Mais chut! le cas est très rare en France. Enfin depuis peu, dame Politique, qui a tout envahi, ne s'est-elle pas avisée aussi de prendre la queue de la poêle et l'anse du chaudron, pour régaler de leur doux tintin de fort braves gens, jadis coryphées des droits du peuple, mais qui, ayant éprouvé certains désappointe- mens dans leurs vues de salut public et de retour à l'ordre, ont pu puiser dans ces bruyantes symphonies d'utiles réflexions sur la stabilité de la faveur populaire.

Telles sont en général, dans la société, les classes privilégiées qui, depuis le quatrième siècle jusqu'à nos jours, ont eu successivement des droits à l'honneur du Charivari. Il est devenu leur patrimoine; et encore, dans certains temps, messieurs les charivariseurs poussaient l'affabilité jusqu'à exiger que messieurs les charivarisés payassent les frais du concert, et même ils les citaient en justice à cet effet; bien plus, un tribunal a fait droit à la demande : il est vrai que c'était à B***, ville jadis illustrée par un célèbre poète bourguignon. Mais n'anticipons pas sur le récit des événemens ; nous les donnerons à leur ordre de date. Passons aux variétés du nom de Charivari dans diverses provinces.

Le mot CHARIVARI est fort ancien, car il remonte peut-être au quatrième ou au cinquième siècle ; il n'est donc pas surprenant qu'en traversant tant de siècles, ce mot ait éprouvé quelques variétés et modifications soit dans sa construction soit dans sa prononciation ; d'ailleurs les anciens dialectes étaient si différens de province à province ! Voici les principales variétés du mot CHARIVARI, recueillies dans les anciens auteurs que nous avons consultés. Un statut synodal de Treguier de 1365 (que nous rapporterons), tout en employant le mot CHARIVARI, se sert aussi de celui de *Chelevalet.* Y avait-il quelque différence entre les objets désignés par ces deux expressions? C'est ce que nous ignorons, parce que le statut garde le silence à cet égard, mais nous croyons tout bonnement que l'un était français et l'autre patois. Les Provençaux disaient *Charavils*, comme on le voit par les statuts de leur province. Les Toulousains l'appelaient *Chaillibari*, d'où sans doute l'auteur des *Remarques sur le Droit Français*, au mot Injures, N° VIII, aura fait *Callinari* ou *Calivari*. On disait dans le Bas-Languedoc *Chavaric*, qui paraît être un abrégé de *Charivari*. On lit dans les priviléges de la ville de Nîmes (Priv. xii) : « En ladicte cité ne pourra estre faict « *Chavaric* quand aucun des habitans se « marie en secondes nopces ». L'arrêtiste bourguignon Job Bouvot le nomme *Charevari*; et un synode d'Angers, *Chermali*. Dans le moyen âge, on l'a latinisé : il s'est appelé *Charvaritum*, *Carivarium* et *Carimarium*. On a dit aussi *Chalybarium*, mais ce mot (qui signifie vase d'airain) tient plus à l'étymologie qu'à une dénomination propre.

Le Charivari n'étant pas exclusivement du domaine de la France , les peuples nos voisins ont eu et ont encore, comme nous, le noble avantage de posséder et la chose et le mot. Les Anglais le nomment *Paltry-music* (pitoyable musique); les Espagnols, *Cencerrada ;* les Italiens , *Frastuono* (tintamarre, divers bruits mêlés ensemble) : autrefois , ils l'appelaient *Scampanata* (bruit fait avec des clochettes) ; enfin , les Allemands le nomment *Spottmusic* (musique de moquerie). Nous ne nous étendrons pas davantage sur les variétés de ce mot, il est temps d'arriver à son étymologie.

II.

ÉTYMOLOGIE DU MOT CHARIVARI.

Il n'existe peut-être pas de mot sur l'origine duquel les savans se soient autant exercés que sur celui-ci. Trippault, dans son *Celt-Hellénisme*, 1580, in-8°; Nicot, dans son *Trésor de la Langue françoise*, 1618, in-4°; Borel, dans son *Trésor des Recherches et Antiquitez gauloises*, 1655, in-4°; Bourdelot, dans ses *Origines* (manuscrites) *de la Langue françoise;* La Mesnardière, dans sa Préface sur les Épistres de Pline; et Jacq. Eveillon, dans son *Traité des Excommunications,* 1672, in-4`, dérivent tous à peu près le mot CHARIVARI du grec *karèbarein,* qui signifie, disent-ils, avoir la tête pesante pour avoir trop bu, ou pour avoir entendu trop de bruit.

Savaron, dans son *Homelia B. Augustini de kalendis januarii, et Sorbonæ epistola contra festum fatuorum, cum suis notis,* 1611, in-8°, improuve cette étymologie, et fait venir CHARIVARI de *cervolus* (et *vetula*), mot par lequel on désignait des espèces de saturnales auxquelles se livraient les Romains et ensuite les Chrétiens des premiers siècles, aux calendes de janvier, se déguisant en cerf, en vache, et s'abandonnant à toutes sortes de désordres et de débauches (1). Cependant Savaron ne tient pas à cette étymologie, et il a raison.

Scaliger, dans ses notes sur le *Copa* de Virgile, pense que CHARIVARI vient de *chalybarium*, parce que ce bruit se fait

---

(1) C'est du débris de ces folies du paganisme que sont venus nos déguisemens de carnaval, qui jadis avaient lieu aux calendes de janvier, et qu'ensuite on a reportés au mardi qui précède l'entrée du carême, jour que l'on a surnommé *mardi gras,* parce qu'à la veille d'une longue abstinence, pendant laquelle on ne pouvait se livrer ni aux festins, ni aux bals, ni célébrer aucun mariage, on croyait pouvoir s'en donner à cœur-joie, et dire un adieu solennel à la viande (*carni*) en faisant bonne chère; d'où sont venus le mot italien *carnovale* (de *carne vale*), et notre mot *carnaval*; étymologie que je préfère aux autres, quoi qu'en dise Ferrari. Celle de Ducange, *carn-à-val,* chair

en frappant sur des vases d'airain. Mais Saumaise, dans ses *Notes sur l'Histoire Auguste*, l'a fortement blâmé de cette opinion, qui paraîtrait cependant assez fondée.

---

qui s'en va, ayant rapport à la précédente, pourrait aussi être adoptée.

Le savant Belge Jean Jos. Rapsaet, mort dernièrement (le 19 février 1832), a fait des *recherches sur l'origine du carnaval.* C'est, je crois, le seul ouvrage publié sur le carnaval proprement dit ; il existe beaucoup de traités sur ou plutôt contre les masques.

Quant à *Cervolus,* on trouvera dans le *Recueil de divers écrits pour servir d'éclaircissemens à l'histoire de France,* par l'abbé Lebeuf, 1738, 2 vol. in-12 (tome II, p. 294-308), une bonne dissertation sous le titre de : *Recherches sur le Cervolus et Vetula, défendus par les Pères de l'Église et par quelques Conciles de France.*

Ducange, dans son *Glossaire latin*, au mot Caria, dérive d'abord charivari du grec *karion*, qui signifie *noix*, parce que, chez les anciens, on a regardé le mot *noix* comme l'équivalent de *bruit, tumulte*. (Nous reviendrons par la suite sur le rôle que l'on fait jouer aux noix dans l'origine du mot en question.) Ducange, n'appuyant pas beaucoup sur cette étymologie, passe à une autre. Il prétend que *charivari* provient de *cari, cari*, cri que les Picards avaient adopté pour soulever le peuple contre les exactions ; et comme le bruit était grand et tumultueux, et que les Picards prononcent en *ca* ce qu'ailleurs on prononce en *cha*, on a appelé chari-vari le tumulte occasionné dans les réunions de gens du peuple voulant tourner quelqu'un en dérision.

Le P. Lobineau, dans son *Histoire de*

Bretagne, Paris, 1707, 2 vol. in-fol., que nous aurons encore à citer, adoptant indifféremment le mot CHARIVARI ou *chelevalet* (car l'un et l'autre se disent dans le pays) (1), le tire de *guelé*, qui, selon lui, signifie *lit*, et de *hoari* en breton. On ne voit pas trop le rapport qu'il y a entre *guelé-hoari* et *charivari* ou *chelevalet ;* cela ressemble un peu à l'*equus* venant d'*alfana*, mais il n'y faut pas regarder de si près avec les profonds étymologistes, gens habitués à pêcher en eau trouble.

D'autres auteurs ont parlé plus en dé-

---

(1) J'ai découvert, dans un vieux statut de 1365, que le mot *chelevalet* est le mot patois de *charivari*, car, après s'être servi de ce mot, l'auteur dit plus bas : *Ludum vocatum* CHELEVALET *in vulgari*.

tail de l'étymologie en question ; par exemple, Julien Brodeau, dans son *Commentaire sur la Coutume de Paris*, 1658, in-fol., dit, p. 400 :

« Nos aucteurs ne sont pas d'accord de l'origine du mot CHARIVARY. Il y en a qui estiment qu'il vient de *charlit varié*, c'est-à-dire *lict changé*, quand un vieil homme ou vieille femme se remarie à une jeune personne. Je ne coteray poinct les aucteurs de ceste étymologie ridicule. »

L'auteur va nous dire en partie ce que nous avons déjà vu plus haut sur Trippault, Nicot, etc. Je rapporte ce passage parce qu'il confirme les citations que j'avais puisées ailleurs ; au reste, il n'est pas long. Jul. Brodeau continue donc ainsi :

« Léon Trippault, en son *Celt-Hellé-nisme* ou *Étymologie des mots françois tirez du grec*, p. 72; Jean Nicot, en son *Thrésor de la Langue françoise*, p. 115; Pet. Grég. Sup. La Mesnardière, en sa Préface sur les Épistres de Pline le Jeune, et autres, dérivent CHARIVARY du mot grec *karèbareó*, pour le bruit et rompement de teste; *karèbaria, capitis gravedo, vertigo, ebrietas*, dans Suidas; *karè, nempe caput*, dans Homère, ODYSS. IX; et *karèbarikos, caput gravans*, qui est l'effect du tintamarre ou bruict et tumulte du charivary.

« Scaliger, *in copam Virgilii*, le faict venir de *calybarium*; *calyba sive calybè est sonus sive strepitus crumatum, tinnitus æris percussi*. Ce qui est contredit et improuvé par Cl. Salmasius, *ad Historiæ*

Augustæ scriptores, notis in Flavium Vopiscum, p. 492, *fine* 493.

« Pour moy , dit toujours Brodeau , j'ay pensé que nostre CHARIVARY vient de *karion* ou *karia, nux,* et *barrakein, sonare, saltare, clangere, apud Hesychium.* C'estoit une coustume usitée aux nopces des Romains de jetter des noix dans la rue, afin que le bruict qu'elles faisoient en tombant, comme les poëtes les appellent *loquaces,* et celuy des jeunes enfans qui les ramassoient , empeschast que l'on n'ouyt les plainctes et doléances de la nouvelle mariée , et les chansons lascives et scandaleuses que les mesmes enfans chantoient avec toute sorte de licence et d'impunité , et estoient appellés *fescenini versus, qui canebantur in nuptiis,* dict Festus, *in verbo* FESCENINI *, quod ex urbe*

Fescenina dicuntur allati; fescenini nuptiales, Seneca, lib. III, controv. 31; *fescenina locutio*, Catul., *Epithal. Manlii* (lege *Malli*); Horat., lib. II, epistola I (1); *sive ideo dicti, quia fascinum*

(1) Le P. Sanadon, dans sa longue remarque sur les vers d'Horace que voici :

Fescennina per hunc inventa licentia morem
Versibus alternis opprobria rustica fudit,

Ep. 1, liv. II, v. 145, 146.

dit : « Ces peuples (les Fescenniens) accompa- « gnoient leurs fêtes publiques de représentations « champêtres, où des baladins déclamoient des « vers fort grossiers et faisoient mille bouffonne- « ries. Ils gardoient encore moins de mesure dans « la célébration des noces, où ils ne rougissoient « point de salir leur poésie par la licence et l'ob- « scénité des expressions. C'est de là que les Latins « ont dit : *Fescenina licentia, Fescenina loquutio,* « pour marquer les vers sales et déshonnètes que « l'on chantoit aux noces. »

putabantur arcere. C'estoient peut-estre *nupta verba quæ virginem dicere non licebat,* au rapport du mesme aucteur Festus, *verbo* NUPTA, où il cite ce lieu de Plaute, *in Dyscolo : Virgo sum, nondum didici nupta verba dicere.* Le mesme, *in verbo* NUCES : *Nuces flagitantur nuptis, et jaciuntur pueris ut novæ nuptæ intranti domum novi mariti, auspicium fiat secundum et solistimum.*

> *Neu nuces pueris neget.* (1)
> > CATUL. *Epithal. Malli.*

---

(1) Noël fait sur ce vers la remarque suivante : « Le mari donnoit des noix aux enfans, ou pour « prouver qu'il ne prenoit plus part aux amu- « semens de l'enfance, d'où *nuces relinquere,* « dans Perse, pour dire *ad virilia transire,* ou « pour les engager à faire du bruit et à couvrir la « voix de la victime pendant la consommation du « mystère nuptial.

« Au reste, cet usage s'est conservé chez les

Tibi ducitur uxor;

Sparge, marite, nuces....... (1)

VIRG. *Ecl.* VIII.

« où Servius a mis cette note : *Illud vul-
gare est, ideo spargi nuces, ut rapientibus
pueris fiat strepitus, ne puellæ vox virgi-*

« Valaques. Un voyageur moderne l'a retrouvé à
« Crajova, capitale de la Valachie, dans une noce
« à laquelle il assista. Il vit pleuvoir durant la cé-
« rémonie des noisettes et des avelines, qui rappe-
« loient le *sparge, marite, nuces* des Romains.
« (*Voyage à Constantinople,* an VII.)

« Il existoit également en Russie ; et dans les
« endroits où l'on manque de noix, le mari répand
« des noisettes comme en Valachie. » (*Voyez* la
Traduction complète des poésies de Catulle, par
M. Fr. Noël. *Paris,* 1806, 2 vol. in-8°., tome I,
p. 97, pour l'épithalame, et tome II, p. 301, pour
la note.)

(1) Le bon René Binet, dans les notes qui ac-
compagnent sa traduction de Virgile, parle ainsi

nitatem deponentis possit audiri. Plinii, lib. XV, cap. 22, *ipsæ nuces nuptialium fescenniorum comites, quæ causa eas nuptiis fecit religiosas, tot modis fœtu munito, quod est verisimilius, quam quia cadendo tripudium sonumve faciunt.* En ceste signification, le Charivary des an-

---

des flambeaux (*novas indices faces*) et des noix qui figuraient dans les noces chez les Romains :

« On conduisoit la mariée chez son époux, à
« l'entrée de la nuit, précédée de cinq flambeaux.
« Ces flambeaux étoient des brandons de pin ou
« d'autre bois résineux que l'on tailloit par un
« bout en façon d'épis pour les allumer plus aisé-
« ment. L'époux, chemin faisant, jetoit des noix
« aux enfans, pour faire entendre que pour lui,
« dès ce moment, il renonçoit aux amusemens de
« l'enfance. » Le pudique recteur ne nous parle point des plaintes et doléances *puellæ virgini- tatem deponentis.*

ciens Romains, accompagné de chansons obscènes et dissolues, *erat nucum fragor sive strepitus*, qui estoit une action innocente pour honorer la solennité des premières nopces, que nos anciens François, dans la licence et la corruption des siècles passez, ont introduict par dérision, par mespris et par indignation aux secondes et aux troisièmes nopces. »

On trouvera sans doute que j'ai été bien patient de laisser jaser aussi long-temps le vieux Brodeau sur l'origine du charivari ; et pour quoi nous apprendre ? rien, ou bien peu de chose. Quoique Mirabeau nous ait dit que la patience est la vertu de certains animaux, je vais cependant la mettre encore en pratique en cédant la parole à un célèbre avocat de Nîmes, François Graverol, qui, mécontent de l'opinion de son confrère Julien Brodeau, va lui donner sur les oreilles. Voici donc comment il s'exprime dans ses *Arréts notables du Parlement de Toulouse;* nouvelle édition. 1682, in-fol., p. 332 :

« Plusieurs auteurs graves, et surtout parmy les jurisconsultes, n'ayans (*sic*) pas trouvé qu'il fût indigne d'eux de rechercher l'étymologie du mot CHARIVARY, on ne doit pas trouver mauvais que je dise ce que j'en pense.

« Je dis donc que Brodeau perd le titre de judicieux, qu'on a accoutumé de luy donner au parlement de Paris quand on le cite, lorsqu'il veut que ce mot tire son origine de *kara* et *barrakein,* par rapport à la coutume usitée aux noces des Romains, de jetter des noix dans la rue, pour que le bruit qu'elles faisoient en tombant, et celuy des jeunes enfans qui les ramassoient en chantant des chansons lascives, dérobassent la connoissance de partie de ce qui se pouvoit faire dans la chambre des nouveaux mariez lors de leur première entrevue, *quando illa multa tam jocosa fiebant;* car à tirer la chose de si loin (outre que cela n'a nul rapport avec l'injure qu'on prétend faire aux secondes noces par le charivary), il seroit aussi vrai de dire que ce mot dérive plutost, comme quelques uns l'ont creu, des danses lascives des Corybantes, qu'on imite souvent en faisant le charivary; et cela, sur ce que l'on pourroit alléguer que c'estoit la coustume des Grecs, lorsqu'ils célébroient leurs noces, de faire des danses au son des cymbales.

« Ceux qui ont fait venir ce mot de *karebareó* ont assez bien imaginé la chose; mais s'il ne faut qu'imaginer quelque rapport pour donner l'étymologie d'un mot, pourquoy ne pourroit-on pas mieux dire que CHARIVARY dérive du mot chaldéen *charifot*, qui signifie *probrum, ignominia,* ou de l'ancien latin *carinari,* qui dans les vieux auteurs et dans les anciens glossaires, vaut autant que *probra injicere, illudere, obtrectare;* ou qu'en prononçant *chaillibari* avec les Tolosains, il tire son origine du mot grec *kalabrisein,* c'est-à-dire se jouer, se moquer de quelqu'un, puisqu'au fond les charivaris (ou *chalmaris* encore, et *charevaris*) ne se font pas dans une autre veüe.

« Pour venir à la plus vraysemblable origine, il me semble qu'elle a esté trouvée

par ceux qui ont creu que *charivarium*
avoit esté dit pour *chalybarium*, parce
qu'en effet on n'y employe ordinairement
que des sonnettes, des poëles, des chauderons (*sic*) et autres telles batteries de
cuisine faites de métail *ex chalibe*. De là
vient aussi que les Italiens disent la *scampanata*, que Adriano Politi explique par
*lo strepito di campanacci, o d' altri stru-
menti che fanno i contadini alle vedove,
quando si rimaritano ;* et Farinacius, en
sa *Pratique criminelle*, part. 3, quest. 105,
paragr. 93, traite *De faciente viduis scam-
panatas.*

« Au reste, Joannes *de Garronibus*, en
son Traité des secondes noces, sur la loy
hác edictali, appelle le Charivary *capro-
maritum*, peut-estre pour marquer que
les personnes qui passent à de secondes

noces, et surtout les femmes, peuvent
estre accusées de quelque intempérance,
et d'avoir la lasciveté des boucs. Peut-estre
fait-il allusion à la coustume de quelques
villes de Languedoc, où pour faire le Charivary on se sert des plus longues cornes
qu'on puisse trouver pour en faire autant
où plus de bruit qu'on en fait autrement
avec des chauderons, ou peut-estre encore
qu'en se servant des cornes on prétend
rendre le Charivary plus injurieux, à cause
du mystère qu'elles renferment. »

Ici finit tout ce que François Graverol
a exposé pour réfuter Julien Brodeau, et
pour établir son système étymologique,
qui ne nous avance pas davantage dans
la véritable origine du mot CHARIVARI.

Jault, dans son édition du *Dictionnaire*

étymologique de Ménage, Paris, 1750,
2 vol. in-fol. (où l'on trouvera une bonne
partie, tantôt allongée, tantôt raccourcie,
de ce que nous avons rapporté ci-dessus),
Jault, disons-nous, cite un de nos vieux
poètes français qui parle du Charivari,
mais dans un sens détourné ; ce vieux
poète est Guillaume Coquillart, qui, dans
son *Monologue de la botte de foin*, s'exprime ainsi :

> Toujours un tas de petits ris,
> Un tas de petites sornettes,
> Tant de petits CHARIVARIS,
> Tant de petites façonnettes,
> Petits gants, petites mainettes,
> Petites bouches à barbeter.
> Ba, ba, ba, font ses godinettes
> Quand elles veulent caqueter.

« Ici CHARIVARI se prend pour les mi-
nauderies d'une personne qui varie sa

chère (1) ou son visage. Je ne sais si anciennement le Charivari ne consistoit pas proprement dans les différentes mines que faisoient les personnes qui suivoient un homme ou une femme qui se marioient, en dérision de leurs nouvelles noces. Le même Coquillart dit au *Monologue du Puys :*

> J'ay vu que j'avoye Henriet
> A faire mes CHARIVARIS,
> Avec son compagnon Jacquet,
> Pour les bourgoises de Paris.

« Au défaut de pouvoir trouver l'origine du mot CHARIVARI, disons du moins ce que nous croyons avoir donné lieu à la

---

(1) Le mot *chère* ou *chera,* qu'on trouve souvent dans nos vieux poètes, signifie mine, contenance, maintien.

chose qu'il désigne. Chacun sait que c'é-
toit anciennement la coutume de répandre
des noix tout proche de l'appartement où
couchoit la pucelle qu'on venoit de marier,
afin que le bruit de ces noix et celui des
enfans qui se battoient à qui en auroit,
empêchassent qu'on entendît les plaintes
de la nouvelle mariée; or, je ne doute
point que le Charivari, qui fait bien un
autre bruit, n'ait été inventé pour se moquer d'une veuve qui vient de se remarier » (1). « Ceux qui font le Charivari
« peuvent bien être avec les autres qui de
« nuit vont par les rues faisant si grand

---

(1) Cette remarque de Jault paraît assez spé-
cieuse ; il est certain qu'une veuve n'a ni plainte,
ni doléance à faire comme une jeune personne qui,
se trouvant pour la première fois en face de son
époux, s'effraie de perdre sa virginité. Alors le

« bruit qu'il n'est homme qui puisse re-
« poser, dit la *Grande nef des fous du*
« *monde,* imprimée en 1599, fol. 54 recto.
« *V.* LE DUCHAT. »

On voit que Jault ne nous instruit pas
plus que les autres sur l'étymologie du
mot CHARIVARI. Nous allons terminer ce
Chapitre déjà trop long, par l'opinion
qu'un auteur moderne a encore émise sur
ladite étymologie. Mais je préviens d'a-
vance le lecteur qu'il aura de la peine à
y trouver son compte; et si je rapporte
cette opinion, c'est pour vider à fond le

---

charivari, à supposer qu'il tire son origine du bruit
motivé de ces vieilles noix, devient une plaisanterie dérisoire très piquante; mais la remarque de
Jault tient à l'origine du Charivari, et nullement à
l'étymologie du mot.

sac de toutes mes recherches sur cette matière ingrate. Cet auteur est M. Vielh de Boisjolin, qui a publié, sous le voile de l'anonyme, une *Dissertation sur les cornes antiques et modernes*, ouvrage philosophique, dédié à MM. les savans, antiquaires, etc., 1786, in-8° de 48 pag. (1). Dans cette Dissertation, p. 39, l'auteur, parlant des temps anciens où les cornes étaient encore en honneur, dit qu'on en

______

(1) Cet opuscule a encore paru sous le titre : *Antidote contre les Cocus*, ou *Dissertations sur les Cornes antiques et modernes*, *ouvrage philosophique*. A Paris (sans date), chez les Marchands de nouveautés; in-8°. de 48 pages. C'est sans doute la même édition que celle mentionnée ci-dessus. Je ne sais pourquoi on a sali ce titre d'un mot qui n'est plus dans nos mœurs. Est-ce parce que la chose y est restée? si l'on ne respecte pas le mariage, il faut du moins respecter la langue.

offrait à celui qui cultivait le mieux son champ ; qu'il en décorait sa tête, et qu'on le nommait *seigneur cornard*, c'est-à-dire *le fort, le vigoureux*. Puis il ajoute en note :

« On voit dans les provinces méridionales des restes de ces anciens usages, mais altérés et tournés en plaisanteries ; on ne présente des cornes qu'à un homme veuf qui se remarie ou à celui qui épouse une veuve, selon que leur rang et leur qualité les mettent plus ou moins à portée d'être les jouets du peuple. On prétend même qu'il existe à Montpellier une patente d'un roi de Majorque, qui permet aux porte-cornes de visiter les nouveaux mariés, et de retirer aubaine de leur visite et compliment ; mais cette assemblée, qui n'était jadis composée que de laboureurs, ne l'est aujourd'hui que de quelques artisans, qui, vêtus de robes noires, portant un rabat et des cornes sur la tête, se disent les présidens de la cour coculaire, et font des CHARIVARIS devant la maison de ceux qui ne reçoivent pas la plaisanterie de bonne grâce. »

C'est ici que M. de Boisjolin donne son opinion sur l'étymologie en question...

« Ce mot *charivari,* dit-il, ne répondroit-il pas à *char-ivira,* c'est-à-dire *char reviré, charrue inutile,* dont le travail est fait ; car le bruit qui les accompagne se rapporte à celui que faisoient les anciens peuples en manière d'acclamation, au moment où paroissoit l'astre de la nuit, à chaque période relative à leurs fêtes agricoles ou à leur calendrier, astre qu'ils ne

dépeignoient que par un disque marqué
de deux cornes, et à qui ils adressoient
leurs chants lorsqu'ils alloient reprendre
leurs charrues, qu'ils retournoient jusqu'au nouveau labourage. »

M. de Boisjolin, avec son *char-ivira*,
n'est pas plus chanceux que tous ceux que
j'ai cités précédemment.

Que conclure de tant d'opinions diverses sur l'étymologie du mot CHARIVARI?
Ma foi, je dirai comme Ménage : « C'est
une marque que la véritable n'est pas
connue »; et j'ajouterai que ce serait folie
de se *charivariser* la tête pour la découvrir. Que le mot vienne, si l'on veut, du
diable le plus tapageur de l'enfer, qui sans
doute s'appelle CHARIVARIFER, comme son
papa s'appelle LUCIFER (nom qui ne con-

vient guère à un ange de ténèbres), je m'en soucie fort peu, et je n'irai pas l'y chercher; je suis seulement fâché, mon cher lecteur, de vous laisser bouche béante sur cet article, mais il n'y a pas de ma faute. Prenez donc votre parti, et dites avec moi : Contentons-nous de jouir du bienfait de la chose sans nous alambiquer l'esprit à chercher péniblement son extrait de naissance. Voyons maintenant son histoire, et commençons par le commencement, c'est-à-dire par son origine.

III.

ORIGINE DU CHARIVARI.

Qui vous dirait, mon cher lecteur, que les SS. Pères et les hérésiarques des premiers siècles de l'Église sont pour quelque chose dans l'origine du Charivari, vous le regarderiez comme un fou, comme un rêveur, et pourtant rien n'est plus vrai. Oui, ce sont les SS. Pères et les hérésiarques qui, sans s'en douter, ont donné naissance à ce noble passe-temps ; sans eux, un jeune gentilhomme, Aimeric Berenger, n'eût pas été décapité à Toulouse, en 1335, pour avoir coupé le nez à un capitoul, au beau milieu d'un concert de chaudrons et de casseroles ; le roi Charles VI n'eût pas failli, en 1392, à être brûlé tout vif pour avoir donné une fête du même genre à une dame de la cour ; et de respectables oreilles ne seraient point chatouillées, en l'an de grâce 1832, des sons harmonieux d'une telle symphonie exécutée en leur honneur et gloire, à Marseille, Moulins, Périgueux, etc., etc., par les paisibles amis de l'ordre et de la liberté. Mais n'anticipons pas sur les événemens, et revenons à notre propos, qui est de démontrer que le CHARIVARI, né du christianisme, est une des institutions les plus anciennes qui se soient

formées pour les menus plaisirs du peuple
et de la société en général.

Nous dirons donc, sans autre préambule, que le Charivari a pris naissance à
la suite des discussions théologiques qui
ont eu lieu, dans les premiers siècles de
l'ère vulgaire, sur le mariage, ou plutôt
sur les secondes noces. Le christianisme,
à son berceau, était excessivement sévère
sur la pratique de toutes les vertus, et
particulièrement sur la chasteté. Personne
n'ignore combien cette dernière vertu
était recommandée aux premiers chrétiens, et ensuite combien la virginité,
dont le Sauveur a été le premier modèle,
et saint Jean, son bien-aimé, le second, a
été préconisée. Mais tout le monde ne
pouvait pas rester vierge ; d'un côté, la
nature, puissante instigatrice, souvent

aidée du diable, s'y opposait ; de l'autre, on sentait l'indispensable nécessité de continuer à adopter ce que les anciens avaient pratiqué dans tous les temps, c'est-à-dire le mariage. Et sur ce, rien de plus judicieux que ce que proclama le grand apôtre, s'adressant aux Corinthiens (I, VII, 9) : *Si non se continent, nubant : meliùs est enim nubere, quàm uri.* On se maria donc. Mais comme en vertu du principe de la chasteté, poussé un peu à l'excès, on voulait restreindre le plus possible ce que l'on appelle les *joies du mariage*, ne voilà-t-il pas que des esprits de travers se sont avisés de crier sur les toits qu'il suffisait de se marier une fois, et qu'il y avait culpabilité et péché, le veuvage étant survenu, de passer à de secondes noces. Un certain Montanus, dont la cervelle avait reçu deux fêlures à la fois, celle de la folie et celle de l'hérésie, se mit à prêcher (dans le second siècle) que les secondes noces étaient très condamnables, et qu'on devait les regarder comme adultères ; ce qui était contraire à la doctrine expresse de saint Paul et à l'usage de l'Église. Plus cette sotte opinion de Montanus s'écartait du sens commun, plus elle eut de partisans : c'est dans l'ordre des choses ; les plus grandes absurdités sont celles qui prévalent toujours, d'abord auprès du peuple, fort crédule de sa nature, puis près de certaines gens, fort entêtées de la leur ; cela s'est vu de tout temps, cela se voit (demandez plutôt au père Enfantin, à M. Chatel et consorts), et cela se verra *in sæcula sæculorum*. Un autre fou, nommé Novatien, fit chorus avec Montanus, et criailla aussi contre les secondes noces.

Il faut cependant dire que ce qui donna

lieu à ces ridicules prétentions hérétiques,
c'est que les anciens Pères faisaient une
distinction entre les premières et les secondes noces, sans cependant condamner
celles-ci ouvertement. Saint Grégoire de
Nazianze appelle les premières noces,
« une conciliation d'esprits et de volontés
« dans une cohabitation et demeure fami-
« lière. » Les secondes noces sont à ses
yeux « une condescendance, une tolé-
« rance, une indulgence, une complai-
« sance ou une dispense. » Pour les troisièmes noces, il les traite de « transgression
« de la loi, de prévarication, de déprava-
« tion, d'insolence criminelle, *sordes ec-*
« *clesiæ* (les ordures de l'Église). » Enfin,
sa susceptibilité allant *crescendo*, les quatrièmes noces et celles qui peuvent suivre
ne sont plus, selon lui, « qu'une vie
« brutale de pourceau, *vitam porcinam,*

« une vie voluptueuse et infâme. » (1)

Tertullien, cet homme à la tête et au style de fer, a de son côté partagé complétement les erreurs de Montanus et de Novatien, en regardant les secondes noces

---

(1) Qu'aurait donc dit ce bon saint Grégoire, du mariage d'un homme et d'une femme dont parle avec indignation saint Jérôme, se plaignant de la facilité avec laquelle on se remariait de son temps? Cet homme avait enterré VINGT femmes, et cette femme avait enterré VINGT-DEUX maris. Quel homme! quelle femme! juste ciel! Pour moi, je serais assez d'avis que ce malheureux était prédestiné à faire le plus terrible des purgatoires dans ce bas-monde. Au reste, cet intrépide couple a dû voir renouveler deux ou trois fois toutes les batteries de cuisine du pays, disloquées sans doute à force de célébrer ses exploits, si toutefois le Charivari se donnait alors *sicut nunc fieri solet.*

comme illicites et défendues par l'Église.
Mais ces erreurs ont été censurées par
saint Jérôme, dans son *Commentaire* sur
l'Épître de saint Paul à Titus ; il les a déclarées contraires au sentiment de ce grand
apôtre, et à la doctrine de l'Église, qui
approuve par indulgence les secondes
noces, et qui néanmoins ne leur donne
point la bénédiction appelée dans les conciles et les Pères grecs *ierologia*. Par le
canon 53 du concile de Néocésarée, on
imposait la pénitence aux mariés en secondes noces pendant un certain temps,
que l'on abrégeait selon la ferveur de leur
foi et de leur piété. Cependant Jésus-
Christ (Saint Jean, iv, 18 *et suiv.*) ne
blâme point la Samaritaine de ce qu'elle
avait eu jusqu'à cinq maris (ce qui est
déjà fort honnête), mais de ce que, après
le décès du cinquième, elle vivait dans le

désordre et dans le concubinage; car, comme dit Salvien, *peccata interdixit Deus, non matrimonia.*

Qu'est-il résulté de toutes ces opinions et discussions primitives sur les secondes noces? Que celles-ci ont été vues d'assez mauvais œil par les chrétiens zélés, quoiqu'elles fussent tolérées et même approuvées par l'Église; et comme il n'était pas possible de les empêcher légalement, on les a attaquées par le ridicule et par la plaisanterie, d'abord en regardant de travers les nouveaux remariés, en leur faisant des mines et des grimaces par derrière, puis en les insultant en face par des cris et des huées, et enfin en accompagnant ces improbations de tapage et bruit confus, occasionnés par le choc d'instrumens culinaires, propres à rendre des sons peu harmonieux, et à exprimer plus fortement l'esprit de mécontentement et de dérision qui présidait à ces singuliers concerts.

Telle est l'origine du Charivari, qui, comme on le voit, remonte à des siècles très reculés. Les secondes noces ont donc été la cause première de cette grotesque institution; mais on en a fait par la suite l'application à beaucoup d'autres circonstances, comme nous l'avons dit précédemment; et cela n'a fait que croître et embellir entre les mains du peuple, toujours disposé à pousser loin et même à l'excès les plaisirs, les petites fêtes, les joyeusetés malignes, enfin toutes les réunions un peu bruyantes qu'il se permet et qu'on laisse à sa disposition. Le peuple est un enfant à tête de linotte et à bras de géant; il faut, quoi qu'on en dise, le laisser manger, digérer et dormir tranquillement : gardez-vous de le réveiller, et s'il se réveille par-ci par-là, surveillez-le, même dans ses plaisirs. La suite prouvera que ce conseil n'est pas hors de saison.

IV.

EXTENSION ET PROHIBITIONS
DU CHARIVARI.

Non seulement les Charivaris prirent successivement de l'extension et un certain accroissement de bruit, de tapage, de vociférations et de turbulence en tout genre, mais on en est venu aux violences, aux propos les plus obscènes, aux extorsions, et même à des menaces, qui s'exécutaient, si, par un sacrifice d'argent, les pauvres diables de mariés en secondes noces ne se mettaient pas à l'abri de ce dégoûtant orage. Alors l'Église et la justice ont cru devoir interposer leur autorité pour arrêter le torrent. Des excommunications ont été lancées de tous côtés, des amendes ont été prononcées dans les divers tribunaux, et des parlemens ont rendu des arrêts sévères contre ces tumultueuses réunions. Tout cela a bien un peu apaisé la fureur charivarisante dans les XIVᵉ, XVᵉ, XVIᵉ et XVIIᵉ siècles; mais le mal n'a pas été coupé dans sa racine. Le Charivari, semblable à ces mauvaises plantes qui infestent nos jardins, qu'on arrache tous les jours et dont tous les jours il pousse de nouveaux rejets, le Charivari, dis-je, a continué à germer dans beaucoup de provinces. Cependant il commençait à languir, et la révolution de 89 l'avait presque détruit, quand la politique, l'enlevant dernièrement du domaine conjugal où il dépérissait, s'en est emparée, et Dieu sait avec quel éclat cette plante plus vivace que jamais reverdit sous l'influence des passions, dans l'atmosphère brûlante qui nous enveloppe en ce moment!

Confirmons par les réflexions de quelques jurisconsultes français ce que nous venons de dire des anciennes prohibitions du Charivari. François Graverol, déjà cité, s'exprime ainsi à cet égard, dans ses *Arrêts notables du Parlement de Toulouse,* page 332 :

« Quoyque les Charivaris soient fondés sur une très ancienne coutume, ils ne peuvent pourtant pas estre autorisez, parce qu'une telle coutume est abusive et contre les bonnes mœurs. Au commencement, ils ne furent vraisemblablement en usage que contre les femmes qui se remarioient dans l'année de deuil, ce qui les faisoit supporter ; mais, par abus, ayant été employez dans la suite du temps pour faire injure aux personnes qui convoloient en secondes noces, de quelque sexe qu'elles fussent, et comme par là on blâmoit les secondes noces, qui ne peuvent être blâmables que dans l'esprit d'un montaniste, ils furent aussi prohibez à cause des extorsions que les chefs et les abbez de la jeunesse (1) commettoient en exigeant des personnes remariées certain droit qu'on appeloit la *pelote* en Provence ; ce qui fait dire à Chassannée (Chasseneux) en ses

---

(1) Il faut entendre par chefs et abbés de la jeunesse, ceux qui étaient à la tête des associations joyeuses et satiriques qui existaient alors sous le nom de *fous*, de *conards*, de *mère-folle*, etc., etc.

Commentaires sur la Coutume de Bourgogne...... *Quidam hoc anno Domini* 1518 *fuerant vocati in curiâ supremâ parlamenti Burgundiæ, ad requestam procuratoris generalis, propter extorsiones in dicto* CHARIVARY *factas ;* et quand ces extorsions étoient justifiées, non seulement on déclaroit les auteurs « suffisamment at-« teints et convaincus d'assemblée illicite, « extorsions, violences et charivary men-« tionnez au procez » ; mais même on les condamnoit en une amende envers le Roy, et à la restitution des sommes exigées, avec deffenses d'user à l'avenir de pareilles extorsions, sur peine de punition corporelle, ensemble aux dépens ; le tout solidairement, comme cela s'induit de l'arrêt du parlement de Paris rapporté par Brodeau en son *Commentaire sur la Coutume de Paris*, art. 37, N° 17. »

Puisque nous venons de parler de Brodeau, citons-le à la suite de Graverol ; il mentionne aussi, dans son *Commentaire*, les prohibitions en question, et même il rapporte textuellement, d'après Bouchel, des constitutions synodales de deux évêques de Troyes dont l'un siégeait en 1314 et l'autre en 1334 ; ces constitutions sont prohibitives du Charivari.

« Les secondes nopces, dit Brodeau, et principalement entre personnes inesgales en aage, ou précipitées dans l'an du deceds du mary, ont esté exposées de tout temps parmy nous à l'injure, à l'outrage et à la contumélie du CHARIVARY et aux exactions et extorsions qui se faisoient ensuite sur les nouveaux mariez : dont la remarque est singulière dans les statuts ou constitutions synodales de l'église de Troyes qui sont de Jean Dauvet (*lisez* d'Auxois) et Henri de Poictiers, evesques, compilez par Jean (*lisez* Jacques) Raguier, 78e (80e) evesque, et imprimez premièrement en 1501. »

Voici comment s'expriment ces statuts, rapportés dans l'ouvrage de Laurent Bouchel intitulé : *Decreta ecclesiæ gallicanæ,* Parisiis, 1609 et 1621 , in-fol. *Voy.* l. III, tit. vi, *De secundis nuptiis,* c. xi et xii; on va y reconnaître le latin et le style du xive siècle :

« *Cùm sit damnabile primas aut secundas nuptias damnare aut vituperare, ut sacri canones declarant, ac etiam novi et veteris documenti testamenta, ludum igitur turpem et nocivum, bonis moribus contrarium, ac specialiter, contradictum apo-*

stoli temerè veniendo, per quem nuptiis potissimè secundis detrahitur non modicum; quæ nuptiæ (quas Dominus noster Jesus-Christus honoravit et honorari præcepit), vertuntur in derisum : qui ludus vulgò nuncupatur CHARIVARY, *et efficitur cum horridis et blasphemis vociferationibus et obscenâ loquacitate, sub turpi transfiguratione larvarum injuriosarum* (on se déguisait, et les cornes jouaient un grand rôle dans ce déguisement), *contumeliosisque clamoribus dictarum binarum nuptiarum, confutando reprobamus ad instar libellorum et carminum famosorum* (1); *et inhibemus de cætero fieri qualitercumque in civitate et diœcesi trecensi.*, etc. »

---

(1) Il est question là des libelles diffamatoires et des charmes sortiléges, sorts (prétendus) jetés sur

V.

RELATION

DE QUELQUES CHARIVARIS REMARQUABLES,

ET CONTINUATION DES PROHIBITIONS.

Nous verrons par la suite ces prohibitions se continuer tant de la part de l'Église que de celle de l'autorité civile et

les gens et sur les bêtes, qui, dans tous les temps, ont été expressément défendus, et punis très sévèrement, même de la peine de mort. *Voyez* la Loi des xii Tables chez les Romains, les Édits des Empereurs, les anciennes Ordonnances de nos Rois, et des sentences de tribunaux jusqu'au milieu du xviie siècle.

judiciaire; mais il est bon d'y joindre la relation de tous les CHARIVARIS que nous avons pu découvrir. C'est en classant ces récits et ces prohibitions dans un ordre chronologique, que nous rendrons notre histoire plus méthodique et plus instructive, en ce qu'elle nous présentera quelques usages de nos ancêtres, qui, à tout considérer, n'étaient, ma foi, guère plus sages que leurs descendans, quoi qu'en ait dit Horace. (1)

____

(1)   *Ætas parentum, pejor avis, tulit*
        Nos nequiores, mox daturos
        Progeniem vitiosiorem.

« Nos pères, valant moins que nos aïeux, nous « ont laissés plus méchans qu'eux; et nous, nous « laisserons à notre tour des enfans pires que nous.» Cependant, au train dont vont les choses en France, *isto flagrante momento,* je serais presque tenté de croire que le bon Horace n'a pas tout-à-fait tort.

Commençons par un Charivari le plus terrible, sans doute, de tous ceux qui ont eu lieu jusqu'à ce jour, à raison de ses suites funestes, d'abord sur l'un de ses auteurs, et ensuite sur la ville de Toulouse, théâtre de cette scène déplorable en 1335. Cette narration est en latin dans l'*Histoire générale de Languedoc* (par Dom Devic et Dom Vaissette); *Paris*, 1730-1745, 5 vol. in-fol. *Voyez* tom. IV, aux *Preuves,* coll. 24, 25, 26. Nous avons traduit très littéralement ce triste récit.

« Le 16 avril 1335, jour de Pâques, des jeunes gens de l'Université (de Toulouse), plus enclins au plaisir qu'à suivre les conseils de la prudence et de la modération (1), se réunirent dans une taverne

______

(1) De tout temps les étudians des Universités

connue sous le nom de la taverne de dame Alboin. Après un repas copieux, ces jeunes

---

se sont livrés, dans certaines occasions, à toute la pétulance, la vivacité et la turbulence qui est assez l'apanage de la jeunesse. C'est surtout dans l'ancienne Université de Paris, qui jouissait d'une si grande prépondérance aux xiiie, xive et xve siècles, que l'on trouve des exemples de troubles publics très graves occasionnés tant par le naturel fougueux des jeunes gens, que par les prétentions très élevées des chefs de cette Université. Hélas! que ces jeunes étudians d'autrefois n'étaient-ils aussi sages que les nôtres!!! il est vrai qu'ils n'avaient ni M. L. F., ni M. B. C., ni d'excellens journaux, ni des saint-simoniens, ni des abbé Chatel, ni tant d'autres pour les ramener à cette docilité, à cette soumission, à cette conduite exemplaire, à cette pureté de morale qu'on ne peut trop admirer dans notre brillante jeunesse! Pardonnez-moi ce petit parallèle, mon cher lecteur; il est bon de rendre justice à qui la mérite, et de dire

gens, la tête échauffée par le vin et la
bonne chère, se mirent à parcourir la

———————————————————————

les choses comme elles sont. 'Revenons à nos turbulens des siècles passés. La note sur quelques uns
de leurs exploits, qu'on pourrait regarder comme
de vrais Charivaris, sera un peu longue, mais vous
me la pardonnerez, à raison de l'importance et de
la singularité des événemens. Nous les puisons tous
dans différens auteurs anciens et modernes.

En 1200, il arriva une émeute assez grave entre
les écoliers de l'Université de Paris et les bourgeois
de la même ville. Thomas, prévôt de la capitale,
ayant pris parti pour les bourgeois, et s'étant mis
à la tête de la populace armée, le combat devint
sanglant; et Henri, archidiacre de Liége, alors
étudiant à Paris, y fut tué. Les maîtres de l'Université portèrent leur plainte au Roi, et deman-
dèrent justice contre le prévôt et ses complices.
Philippe-Auguste, craignant que maîtres et éco-
'liers ne désertassent Paris, leur accorda satisfaction pour le passé, et sûreté pour l'avenir. En

ville, criant, vociférant, et frappant sur des vases d'airain et sur des instrumens

---

conséquence le prévôt fut arrêté, et condamné à tenir prison perpétuelle, si mieux n'aimait subir l'épreuve de l'eau, à la charge, s'il succombait, d'être pendu, et s'il sortait vainqueur d'être banni de Paris.

On ignore le parti que prit le condamné. Ceux qui l'avaient secondé, et dont la plupart étaient en fuite, furent punis dans leurs biens, leurs maisons détruites, leurs vignes et leurs arbres fruitiers arrachés.

Mais, chose singulière! l'Université avait présenté requête au Roi, pour lui demander d'être chargée de la punition du prévôt et de ceux qu'elle appelait ses complices. Voici en quoi aurait consisté cette punition : Les coupables auraient été amenés dans les classes, on leur aurait fait mettre bas culottes, et on leur aurait donné le fouet comme à de petits écoliers; ensuite ils auraient été réintégrés dans leurs fonctions. Le Roi a rejeté

de cuisine, avec lesquels ils firent un charivari épouvantable. *Ceperunt per urbem*

---

cette requête, et cette punition, si honorable pour
la dignité de prévôt, n'eut pas lieu. *O tempora!*

Nous remarquerons, à l'occasion du fait précédent, que la nombreuse et vive jeunesse qui rem-
plissait les écoles de l'Université, multitude ras-
semblée de toutes les parties de la France et de
l'Europe, excitait souvent des querelles et des
émeutes, et que d'ailleurs, quoique composée de
jeunes clercs (ecclésiastiques ou aspirant à l'être),
elle ne tenait pas une conduite très exemplaire.
Nous en avons la preuve dans une ordonnance de
l'official de Paris de 1218, par laquelle il défend
le port d'armes dans la ville à tout clerc ou écolier, sous peine d'excommunication; et dans le
préambule de cette ordonnance, il fait une pein-
ture peu édifiante des mœurs des écoliers. Il se
plaint qu'ils enfonçaient et brisaient les portes des
maisons, qu'ils enlevaient les femmes et les
filles, etc.; et ce triste témoignage est appuyé par

divagari, clamantes et vociferantes, me-
tallica vasa percutiendo et instrumenta

---

celui du cardinal Jacques de Vitri, qu'aucun intérêt ne portait à exagérer les torts des étudians.

L'événement suivant est raconté par le vieux
Corrozet, dans ses *Antiquités, Chroniques et Sin-*
gularités de Paris, 1550, petit in-8°, page 69.
Conservons la simplicité de son style et son orto-
graphe.

« L'an 1332 se leva une mutinerie entre les
bourgeois de Paris et les escoliers de l'Université,
en laquelle furent plusieurs occis d'une part et
d'autre. Les escoliers se complaignants qu'on ne
leur avoit fait réparation ny satisfaction des torts
à eux faits, procederent en telle indignation, qu'ils
delibererent et se fermerent (résolurent) en opinion de transporter l'estude en autre lieu , avec
ce qu'ils estoient pratiquez du roy d'Angleterre
(Édouard III), qui leur promettoit leur donner
la ville de Hocsfort (Oxford) pour y demourer
avec beaux privileges et franchises.

ferrea culinaria feriendo, undè sonitus et strepitus gravis edebatur. C'était juste le

---

« Le roy Sainct-Loys, adverty de ce trouble, y pourveut si prudentement, qu'il appaisa le discord, donna consentement aux étudiants, et remit en son entier l'Université, laquelle estoit preste à perir, jugeant ce bon prince que si les délibérations eussent sorty à effect, il eust perdu une des plus belles perles de sa couronne. »

Voici un autre événement dont le récit est emprunté à l'*Histoire de l'Université*, par Crevier. *Paris*, 1761, 7 vol. in-12, tome II, p. 147-150.

« En 1304, Pierre Jumel, prévôt de Paris, fit pendre un écolier clerc, au préjudice de l'appel interjeté par l'accusé, qui réclamoit son privilége, et demandoit à être renvoyé au juge d'église. On ne dit pas pour quel crime il fut condamné, mais la vindicte publique exigeoit sans doute un prompt exemple. Le prévôt, par cet acte, s'attira toute l'animosité de l'Université et du clergé. On se feroit difficilement idée des excès auxquels on se porta moment où l'on prêchait dans les églises (vers une heure après midi : on dînait

---

pour venger l'honneur du tribunal ecclésiastique que le prévôt avoit privé du droit de prononcer sur l'appel du condamné.

« D'abord, l'Université cessa ses leçons en toute faculté avec résolution de ne les point reprendre qu'elle n'eût obtenu justice. Elle dicta elle-même les lois de la satisfaction qu'elle exigea. Le prévôt fut déposé, et condamné à aller dépendre le cadavre (aux fourches patibulaires de Montfaucon , où il étoit accroché depuis plusieurs semaines), à le baiser sur la bouche, à établir une rente annuelle de 40 livres tournois pour fonder deux chapelles à la collation de l'Université, et enfin à faire le voyage d'Avignon pour obtenir du pape Clément V, l'absolution de son forfait. Voilà pour l'Université.

« Venons au clergé, qui nous offre quelque chose de plus fort et de plus singulier. Ses priviléges, tels qu'ils étoient alors reconnus, avoient été singulièrement blessés par la condamnation à mort

alors à dix heures du matin); la prédica-
tion cessa, et l'autorité des capitouls fut

émanée d'un tribunal laïc contre un clerc. L'official de Paris, furieux, rendit à ce sujet une ordonnance que l'on peut taxer de délirante, et qui
prouve les incroyables excès auxquels se portoient
les tribunaux ecclésiastiques dans un temps où ils
partageoient avec la justice séculière le droit de
juger. Voici en quels termes est conçue cette ordonnance :

« L'official de Paris, le siége vacant, à tous
« les archiprêtres, prêtres, curés, chapelains, et
« à tous autres supérieurs d'églises, qui les pré-
« sentes lettres verront, salut en Notre-Seigneur.
« — Nous vous ordonnons à tous, et à chacun de
« vous, en vertu de la sainte obéissance, et sous
« peine de suspence et d'excommunication qui sera
« encourue par vous, si vous n'obéissez à notre
« présent ordre, que demain vous finissiez le ser-
« vice divin à l'heure de prime, et qu'à l'heure
« précise de tierce, vous étant rendus procession-

obligée d'intervenir. Un de ces messieurs,
nommé de Gaure, en exercice cette an-

« nellement à l'église Saint-Barthélemi de Paris,
« avec vos peuples, portant la croix, l'eau-bénite
« et les étoles, vous alliez de là à la maison qu'oc-
« cupe ou qu'a coutume d'occuper le prévôt, et
« qu'avec tous ceux qui vous accompagneront,
« vous jetiez des pierres contre la maison dudit
« prévôt, en criant à haute voix : Retire-toi, re-
« tire-toi, maudit Satan; reconnois ta méchan-
« ceté, et rends honneur à notre mère sainte Église,
« que tu as déshonorée autant qu'il est en toi, et
« offensée dans ses franchises. Si tu ne le fais,
« puisses-tu être associé avec Dathan et Abiron
« que la terre engloutit tout vivans.

« Donné l'an de Jésus-Christ 1304, le lundi
« avant la Nativité de la Sainte Vierge » (le 7 septembre.)

Convenez, mon cher lecteur, que c'était un rude
compère que cet official. Il en rabattrait bien s'il
pouvait revenir parmi nous, et il rengaînerait bien

née, sortit de l'église sur les deux heures avec cinq sergens de ville, tomba sur les

---

vite son *retrò, Satanas!* quoiqu'il aurait bien quelques petites applications à en faire. Mais continuons le récit des hauts faits de nos antiques jeunes étudians. En voici encore un curieux puisé dans le vieux Corrozet, p. 132.

« L'an 1404, l'Université de Paris faisant procession à Saincte-Catherine-du-Val-des-Escoliers, un page de la maison de Savoisy, chevauchant un cheval, escailbota un escolier de la boue du ruisseau, de quoi indigné frappa le page, lequel secouru de ses compaignons, l'un d'iceux tira une sagette (flèche) jusques au grand autel de ladicte église Saincte-Catherine, comme on vouloit chanter la messe. L'Université, qui alors estoit en grand crédit, pourchassa tellement la réparation de l'injure, que la maison du chevalier et chambellan du Roy fut razée jusques à terre et luy fut banny. Toutesfois estant de retour en France obtint lettres du Roy, en date du 15 septembre 1406, par lesjeunes tapageurs, en saisit un au collet, et l'arrêta. Mais un de la bande, voulant

---

quelles il luy fut permis de réédifier sa maison par le consentement de ladicte Université; laquelle néantmoins fut long-temps déserte et en ruine, jusques au temps du roy François qu'elle fut réédifiée (en 1517), et se nommoit la maison du trésorier Morlet.

« L'une des grandes portes d'icelle est murée, et dessus (sans doute par ordre de l'Université) est escrit le faict ainsi qu'il s'en suit :

« Ceste maison de Savoisy, en l'an 1404, fut
« desmolie et abatue par arrest, pour certains for-
« faits et excès commis par messire Charles de Sa-
« voisy, chevalier, pour lors seigneur et proprié-
« taire de ladicte maison, et ses serviteurs, à
« aucuns escoliers et supposts de l'Université de
« Paris, en faisant la procession de ladicte Univer-
« sité à Saincte-Catherine-du-Val-des-Escoliers,
« près dudict lieu, avec autres réparations, fon-
« dation de chapelles et charges déclarées audict

délivrer son camarade, se jeta sur le capitoul de Gaure, et d'un coup de poignard

---

« arrest ; et a demouré desmolie et abatue l'espace
« de cent douze ans et jusques à ce que ladicte
« Université, de grâce espéciale, et pour certaines
« causes, a permis la réédification d'icelle, aux
« charges contenues et déclarées ès lettres sur ce
« faictes et passées à ladicte Université, en
« l'an 1517. »

Quel éclat ! quel malheur ! quelle perte ! quelle humiliation d'un côté ! quelle tyrannie ! quel long acharnement de l'autre ! et le tout pour une éclaboussure faite fortuitement à un écolier !...

Citons encore le vieux Corrozet, p. 133, pour le dernier fait universitaire que nous avons à rapporter.

« L'an 1408, messire Guillaume de Tignonville, prevost de Paris, feit pendre deux escoliers, homicides d'un meschant homme. L'Université de Paris le pourchassa tellement qu'il fut condamné à faire dépendre du gibet les deux corps morts, les baiser lui coupa le nez, la bouche, les lèvres et la moitié du menton ; celui-ci, ainsi blessé, tombe à terre, évanoui. On accourt, on le relève, on lui fait prendre un peu de vin, et quelques uns des assistans le transportent chez lui et le mettent au lit.

---

en la bouche et les faire porter en l'église des Mathurins ; le conducteur du chariot (le bourreau) estre vestu d'un surplis de prestre, luy estant sur le cheval. La sépulture se void au cloistre des Mathurins, l'épitaphe est telle :

« Hic subtus iacent *Leodegarius Dumonssel*
« *de Normannia, et Oliverius Bourgeois de Bri-*
« *tannia oriundi, clerici scolares, quondam ducti*
« *ad iustitiam secularem vbi obierunt, restituti*
« *honorificè, et hi sepulti, anno Domini* m. cccc viii,
« *die* xvi *mensis maij.* »

Nous pourrions encore citer d'autres exemples de la débonnaireté de l'ancienne Université, mais les quatre précédens suffisent pour donner une idée des mœurs de ces temps reculés.

Cependant la nouvelle de cet attentat répand le trouble par toute la ville; à neuf heures du soir, les capitouls, avec deux cents hommes, s'emparent du coupable, qui était le jeune Aimeric Bérenger, noble de naissance, et on le jette en prison. Appliqué à la question, il avoue son crime, et sur-le-champ on le condamne à être décapité. La sentence est exécutée; sa tête et son corps sont attachés aux fourches patibulaires.

Cependant le procureur général de la sénéchaussée de Toulouse, qui s'était opposé à l'exécution de la sentence de mort, en avait appelé au parlement de Paris, et avait signifié cet appel aux capitouls et aux consuls. Malgré cela, la sentence, comme nous l'avons dit, fut exécutée; alors le procureur général, les parens et les amis du défunt, intentèrent un procès criminel aux consuls et habitans de Toulouse, à raison des cruautés inouïes exercées envers ledit Aimeric, l'ayant traîné, lié à la queue d'un cheval, par les carrefours de la ville. L'affaire ayant été instruite dans la capitale, survint un arrêt du parlement de Paris, en date du 18 juillet 1335, portant que la ville de Toulouse est privée de tous ses priviléges, immunités et libertés, de son consulat et de son université, et que tous ses biens meubles et immeubles sont confisqués. Voici le dispositif de la sentence :

« Il est dit par arrêt de la cour, que le « corps du susdit Aymeric sera retiré des « fourches patibulaires et rendu à ses amis « pour lui procurer la sépulture ecclésias- « tique ; que pour le salut de son âme on

« fondera une chapelle dotée de 60 livres ;

« que 4,000 livres seront distribuées aux

« amis et aux parens dudit Aymeric, qui,

« pour venger sa mort, ont fait poursuivre

« le capitoulat et l'université. Quant aux

« moyens d'exécution pour détacher le

« corps, lui donner la sépulture, et savoir

« où l'on prendra les fonds pour fonder

« la chapelle et acquitter les 4,000 livres,

« la cour en ordonnera. En attendant, la-

« dite cour, par le présent arrêt, prive

« ladite ville, ses capitouls et ses habitans,

« de tout droit de corps et d'université,

« confisque tous les biens desdits corps et

« de l'université, et se les applique. Donné

« à Paris, en parlement, le 18 juillet, l'an

« du Seigneur 1335. »

« La même année, par lettres-patentes

du 7 août, pour l'exécution du susdit

arrêt, notre roi Philippe a nommé commissaires maître Hugon, Guillaume de Flotte sieur de Rebel, conseillers du Roi, et le sénéchal de Toulouse, qui ont fait exécuter ledit arrêt, je ne puis dire au juste le jour où il a été mis à exécution ; mais je sais que cela a eu lieu entre le 7 août et le 27 septembre. Le procès-verbal est consigné dans un des rouleaux (*rotulo*), c'est-à-dire registre du parlement. En voici le détail :

« Messieurs les commissaires se transportèrent à la maison commune, et furent reçus à l'entrée de la grande porte par six membres du capitoulat ; ensuite ils furent conduits dans la grande salle, où l'on avait dressé un tribunal élevé : là ils s'assirent, et les consuls se mirent sur des degrés inférieurs. Les commissaires ordonnèrent d'abord qu'on lût les lettres-patentes du Roi renfermant leur commission, ainsi que l'arrèt du parlement et les ordres prescrivant la forme d'exécution, et que le tout fût transcrit sur les registres du capitoulat. Ensuite les assistans, la tête découverte, reçurent des commissaires les articles relatifs à l'inhumation du corps dudit Bérenger. La grande salle de la maison commune sera disposée en chapelle funéraire, avec un grand autel; tout le pavé de la maison du capitoulat sera jonché de feuillage (1). Le mardi, à quatre

---

(1) Dans ce temps-là, les appartemens n'avaient ni plancher, ni parquet, ni carreaux, le sol était en terre glaise battue, comme on le voit encore dans quelques villages chez de pauvres gens. Les églises, les bâtimens publics, les grands hôtels, étaient du même genre, mais dans certaines occasions, comme aux grandes fêtes pour l'église, ou

heures, les crieurs publics pour les enter-
remens parcourront les rues de la ville et
des faubourgs en disant à haute voix : « O
« vous tous, habitans de Toulouse, tant

---

pour quelques solennités fortuites ailleurs, on jon-
chait le sol de feuillage, de fleurs et même de paille.
Par exemple, les écoles de médecine et de philoso-
phie à Paris, lorsqu'on y faisait des actes publics,
étaient jonchées de paille sur laquelle les élèves se
plaçaient. Ramus, dans sa Préface sur la réforme de
l'Université, fait mention de ce qu'il en coûtait pour
joncher les écoles de médecine : *Pro tapetis et stra-
mine quodlibetariæ* (à volonté) *triginta solidi;* etc.

Loys d'Orléans dit, chap. XII, qu'on souloit
(de *solebat*, avait coutume) de couvrir anciennement de feurre (c'est-à-dire de paille et de foin)
les salles où les grammairiens disputoient, et que
cela se pratique encore (à la fin du xvie siècle) en
quelques églises de France, durant certaines solennités, pour empêcher le froid des pieds.

La coutume de joncher le sol des salles de joncs

« hommes que femmes, priez Dieu pour
« le salut de l'âme d'Aymeric Berenger,
« martyrisé cruellement contre tout droit
« et justice, et décapité par le bourreau. »

---

et de fleurs aux jours de grande solennité est fort
ancienne. Dans le *Roman de Guillaume au court-
nez*, on décrit ainsi la magnificence de la cour que
tenait Charlemagne à Saint-Denis :

> El mostier fu, et li glais, et li jons,
> Roses et lis et mentastre partout.

Et Vanhier de Dodan, au *Roman de Perceval le
Galloys :*

> Lors jen jonchier le pavillon
> De fraisches herbes environ.

On lit, dans le *Chartulaire de Vendôme*, que le
comte Gui de Poictou se baissa et ramassa un jonc
verd, car la maison avoit été récemment jonchée
de joncs, comme on a coutume de faire lorsqu'on
reçoit une personne de considération, un seigneur,
un ami. *Tunc inclinavit se comes, et accepit viridem*

Le trompette de la ville, tirant de son instrument des sons lugubres, avertira tous les pères de famille, de la part des commissaires, d'avoir à accompagner, sous peine d'emprisonnement, la pompe funèbre qui aura lieu très prochainement.

---

scirpum : nam domus recenter erat juncata, sicut solemus facere quando aliquem personæ potentis, vel dominum suscepimus, vel amicum. Le mot *joncher* vient bien certainement de *jonc*, répandre des joncs.

Cet usage, comme nous l'avons déjà dit, était aussi observé dans les églises. Un réglement de Saint-Jacques-de-l'Hôpital de Paris, de 1494, porte que « le crieur de la confrérie doit may et « herbes pour la jonchée. »

Ne soyons donc pas surpris si l'on fit joncher de feuillage la salle du capitoulat dans une circonstance solennelle où elle allait servir de chambre ardente.

Le mercredi, dès le matin, le cortége sortira de la maison commune, précédé des processions des différens couvens et des paroisses, la croix en tête, accompagnées des pauvres, tous très bien habillés, et portant des écussons aux armoiries de la famille Bérenger. Quatre capitouls porteront les coins du drap, sur lequel seront les mêmes armoiries ; ensuite viendra l'archevêque de Toulouse, accompagné de huit prêtres ; puis suivront les autres capitouls, tous les bourgeois et les pères de famille, rangés en ligne deux à deux.

« Le cortége étant arrivé devant l'École de droit, où se trouveront tous les professeurs et tous les élèves, on les suppliera de pardonner, autant qu'il est en eux, l'injure qu'on leur a faite en portant une aussi grave atteinte à leurs priviléges.

Après cela, le cortége, augmenté des maîtres, professeurs et élèves de l'Université, montant bien à trois mille, continuera sa marche et se rendra aux fourches patibulaires ; et là tout le peuple, de quelle qualité que soient les assistans, se mettant à genoux, implorera grâce et miséricorde. Ensuite les capitouls détacheront du mur le corps et la tête du supplicié, le mettront sur un char funèbre, et le conduiront dans la grande salle de la maison commune, où il sera exposé le reste du jour. Le lendemain, on ira l'enterrer avec grande pompe et grand concours de peuple dans le cimetière.

« Tous les détails de ces cérémonies ayant été exécutés, les membres du capitoulat furent destitués de leurs fonctions, ainsi que les officiaux. Les commissaires nommèrent un lieutenant de ville, à qui l'on remit les clefs de la maison commune et des portes de la ville, le chargeant de maintenir la police, de s'acquitter de toutes les fonctions dont étaient chargés les capitouls, ainsi que de la garde de tous les titres, contrats et chartes appartenant à la commune.

« Cependant, au mois de janvier suivant, les choses prirent une tournure moins sévère : il y eut un traité ou accommodement consenti par le Roi ; tout rentra dans l'ordre moyennant une somme de cinquante mille livres que paya la ville. On rétablit les capitouls, on leur rendit leurs fonctions, droits et priviléges. Les commissaires, auxquels on ajouta maître Étienne Albert, firent des nominations de consuls selon les anciennes formules de création de ces charges. »

Telles furent les malheureuses suites d'un charivari qui paraît avoir été donné sans motif par de jeunes étourdis. Et pourquoi les suites de cette affaire ont-elles été si graves? Je crois en trouver trois causes, 1°. parce que les droits de l'Université furent méconnus dans la poursuite du coupable; 2°. parce qu'il semble que l'officialité rendit la sentence de mort *ex abrupto*, et la fit exécuter sans la participation de la justice séculière, qui y forma opposition; et 3°. parce qu'Aymeric Bérenger était noble et portait un nom célèbre dans la province. Mais, dans tout cela, je ne vois pas ce qu'est devenu le nez du capitoul de Gaure; selon toute apparence, ce pauvre diable, le plus maltraité de tous, aura payé, ainsi que la ville, les dépens de cette déplorable affaire.

En 1365, furent publiés des *Statuts*

synaudaux (*sic*) *de fr. Even Begaignon, dominicain ; evesque de Treguer* (Treguier), dont voici le contenu. C'est dans cette pièce qu'on a employé les mots *Charivari* et *Chelevalet*.

« IN NOMINE DOMINI, *amen. Sanctâ synodus à nobis fratre Eveno Dei ac sanctæ sedis apostolicæ gratiâ episc. Trecor. celebrata anno Domini* 1365.

« *Statutum aliàs à nobis editum de* CHARIVARI *non faciendo secundò vel ulterius nubentibus, sub pena* (sic) *excommunicationis, quam contra facientes incurrere volumus ipso facto, approbamus, confirmamus et innovamus, volentes et mandantes vobis ut hoc in ecclesiis vestris prima dominica cujuslibet mensis publicè nuncietis et notificetis parochianis vestris.*

« *Item, quia mortuo viro vel uxore, vir vel mulier solutus est à lege viri vel mulieris defuncti respectivè, etc., et hoc non obstante quidam abusus in nostrâ diœcesi damnabiliter inolevit, quod si vir vel mulier ad secunda vota vel ulteriora transierit, congregantur et coadunantur vicini et alii, et faciunt quemdam ludum vocatum* CHELEVALET *in vulgari, ipsos sic contrahentes diffamant et multa enormia committunt, ex quibus multoties rixe (sic), contentiones, vulnera et homicidia veniunt; nos tales ludos et abusiones penitùs reprobamus, statuentes quod si aliquis de cætero talia fecerit, excommunicationis sententiam incurrat ipso facto.* » (EXTRAIT de l'*Histoire de Bretagne*, par *Lobineau*, tom. II, coll. 1608—1609.)

En 1369, Hugues, évêque de Beziers,

publia des statuts synodaux qui défendent expressément de faire *Charivari* lorsque quelqu'un se marie. (*Voyez* D. MARTENNE, *Anecdota,* 1717, 5 vol. in-fol. tom. IV, p. 654.)

Le *Charivari* était également défendu à Nîmes, à moins que l'un des mariés ne convolât en secondes noces, usage que le roi Charles VIII confirma en 1483. (Voyez *Trésor des Chartes,* regist. 213, n° 9.) Voilà un *à moins que* qui n'est pas très clair; Charles VIII aurait-il permis le *Charivari* en cas de secondes noces? Cela n'est pas présumable.

Sauval, dans ses *Antiquitez de Paris,* 1724, 3 vol. in-fol., nous apprend, tom. III, p. 646, que dans le XIVe siècle, « quand les veuves de la cour se rema-

« rioient, on leur faisoit des *Charivaris;* ce
« qui est si vrai, ajoute-t-il, qu'à un *Cha-*
« *rivari* que Charles VI fit à Paris en 1389
« (*lisez* 1392), lorsque Catherine, en
« grande faveur auprès de la reine, se re-
« maria en quatrièmes noces, ce prince
« faillit être brûlé avec quatre autres. »

Le fait est assez important pour que le
récit en soit fait avec quelques détails;
Le Laboureur va nous les donner dans son
Histoire de Charles VI, trad. en françois
sur le manuscrit de Saint-Denis. Paris,
Billaine, 1663, in-fol., p. 235-236 :

«On fit à Paris, dit-il, les nopces
d'une dame allemande (nommée Catherine), de la maison de la reine, qu'on
marioit à un très riche seigneur de son
pays. Et comme elle estoit fort aimée de
sa maistresse, on ne se contenta pas de

leur faire de grands biens, mais on voulut encore faire de leur mariage une feste
de la cour, où la reine convia de sa part
les duchesses de Berry, de Bourgogne et
d'Orléans, qui se rendirent avec les autres
dames en grande compagnie, le 29ᵉ de
janvier, en l'hostel de Saint-Pol. Il ne
manqua rien à la magnificence et à la
bonne chère; on y fit toutes sortes de ré-
jouissances, et on y dansa jusqu'à minuit.
Mais hélas! ils ne sçavoient pas que le
jeu se devoit terminer par une triste et
déplorable tragédie. Et cela arriva pour
expier une sotte et malheureuse coutume
(celle du *Charivari*) qui se pratique en
divers endroits du royaume, de faire im-
punément mille folies au mariage des
femmes vefves, et d'emprunter, avec des
habits extravagans, la liberté de dire des
vilenies au mary et à l'épousée.

«Le Roy, qui estoit jeune, se laissa aisément engager par des gens de son aage à faire un de ces indignes personnages, et il fut un des cinq qui prirent des habits de Satyres, tous faits de lin sans filer, collé sur de la toile avec de la poix, et qui vinrent masquez dans la salle danser et faire des postures aussi sales que les bouquins qu'ils représentoient. Ils firent des cris horribles, ils dansèrent les sarrazines, et la suite fit voir que l'ennemy du genre humain leur avoit préparé ce piége pour punir leur lasciveté, et pour en laisser un exemple éternellement honteux par la mort de notre monarque, si la Providence ou son bon génie ne l'eussent tant soit peu tiré à part des autres.

«Pendant qu'ils ne songeoient qu'aux

grimaces de leur ballet, je ne sçay qui par malheur jeta une bluette de feu sur l'un de ces Satyres, et aussitôt il s'embrasa, et la flamme gagna les autres, qui, à l'instant mesme se virent tous en feu. Qui auroit veu leurs crys alors, trop effroyables et trop véritables tout ensemble, qui les auroit veu courir chacun à son appartement d'une course plutost furieuse que précipitée; qui auroit, dis-je, veu cette poix allumée fondre pesle-mesle et ruisseler par terre avec la graisse et le sang dans un embrasement qui montoit jusqu'au plancher; la compassion des tesmoins auroit sans doute esté égale à la douleur des patiens, il n'y auroit point eu de cœur qui n'eust crevé s'il n'eust esté de marbre; il n'y auroit point eu d'yeux qui n'eussent esté des fontaines de larmes au milieu des désastres et des hurlemens espouventables qui désespéroient d'autant plus les amis, qu'ils ne pouvoient donner secours à leur amy. Ils furent près de demi-heure à brusler comme des flambeaux, et non seulement ils ne se rostirent pas les mains, dont ils s'arrachoient la chair avec la flamme, mais ils perdirent encore dans des tourmens qui ne se peuvent exprimer, les parties inférieures que je ne puis autrement nommer.... »

Le Laboureur nous dit ensuite que le Roi échappa à ce terrible malheur, ainsi que le petit Nantouillet; mais le jeune comte de Joigny mourut dans ces tourmens affreux; le bâtard de Foix et Aimery de Poitiers moururent le second jour, et Hugues de Guysay, fort mauvais sujet, expira le troisième jour. La reine (Isabelle de Bavière), apprenant le danger du Roi, tomba évanouie, et ne revint à elle que quand le Roi, ayant encore ses habits de masque, accourut dans son appartement, et parvint à la rassurer. Eh! la malheureuse! cet épouvantable charivari n'est rien auprès de ceux que, par la suite, elle a donnés à la France avec son Jean-sans-Peur et ses maudits Anglais! Ici tendre épouse, et plus tard marâtre impitoyable, qui a plongé l'état dans un gouffre de maux inimaginables!

Mais quittons ces *charivaris* de cour, ils sont trop chauds; il est vrai que les autres ne valent guère mieux, si nous en jugeons par tous les soins que l'on s'est donnés pour les décrier et les empêcher.

Dom Lobineau, dans son *Histoire de Bretagne,* où il parle d'un concile de la province ecclésiastique de Tours, tenu à Nantes le 23 avril 1431, dans lequel on renouvela celui d'Angers de 1365, nous dit encore, p. 586 : « C'étoit un fort grand abus que celui du *charivari* que l'on faisoit au bruit des bassins, des cloches et des sifflets, à ceux qui se marioient en secondes noces. On le défendit par ce concile, sous peine d'excommunication; mais on ne put entièrement l'extirper, et il est encore en usage dans plusieurs provinces. » Et page 847 : « Il n'y a point d'abus que les évêques aient eu plus de peine à déraciner que celui du *charivari* ou *chelevalet,* jeu profane qui se faisoit pour insulter ceux qui se marioient en secondes noces. »

Le savant Chasseneuz (1), dans son

____

(1) Barthélemi Chasseneuz, né à Issy-l'Évêque,

Commentaire sur la coutume de Bourgogne (*consuetudines ducatus Burgundiæ*),
qui a eu dix éditions, titre VI, *Des enfans
de plusieurs lits*, regarde le charivari

---

près d'Autun, en 1480, fut avocat du Roi au
bailliage d'Autun en 1508, conseiller au Parlement
de Paris en 1531, président d'Aix en 1532, et il
mourut dans cette dernière ville en 1541, avant
Pâques, c'est-à-dire en 1542, N. ST. Il a laissé,
outre sa *Coutume de Bourgogne,* quelques autres
ouvrages, tels que *Consilia* (ce sont des consulta-
tions), 1531, in-fol.; des *Épitaphes des Rois de
France,* in-8°., et un gros fatras d'érudition, sous
le titre de *Catalogus gloriæ Mundi,* 1528, in-fol.,
qui a eu aussi plusieurs éditions.

M. Maillard de Chambure, avocat, membre de
l'Académie de Dijon, a publié une curieuse
*Notice biographique et critique sur Barthélemi
Chasseneuz, et sur son prétendu plaidoyer pour
les rats de Beaune.* Dijon, Frantin, imprimeur
de l'Académie, 1831, in-8°. de 26 pages.

comme un acte coupable qui doit provo-
quer l'action d'injure; il s'exprime ainsi :
*In aliquibus partibus fuit introducta quæ-
dam consuetudo, quod fiebat, et fit* le
charivary *contra secundò nubentes ; sed
istud est reprobatum, ita quòd de cætero
facientes, tenentur actione injuriarum, nec
eos excusat consuetudo : et facit contra
Cabilonenses* (Châlonnais S. S.) *qui ha-
bent hanc consuetudinem, etiam à talibus
uxoratis extorquendi quicquid possunt :
sed quidam hoc anno Domini* 1518 *fue-
runt vocati in curiâ supremâ parlamenti
Burgundiæ, ad requæstam procuratoris
generalis, propter extorsiones in dicto* charivary *factas*, etc. Nous avons déjà cité la
dernière partie de ce passage.

Julien Brodeau parle aussi de ces extorsions d'après Raynutius, qui dit : *Mos*

in præsenti civitate Caturci (Cahors) *inolevit, quod bigamis, id est renubentibus, tam viris quam mulieribus fit, nisi componant, cum ingenti solennitate Carivarium, ut etiam sæpè vidi Tolosæ fieri : præsertim cum vetulæ, honestatis lege postpositâ, adolescentibus nubebant,* etc. Le même Brodeau cite encore Godefroi, qui étend l'action d'injure aux cas suivans : *Si carmen conscribat, vel proponat, vel cantet aliquod, quod pudorem alicujus lædat, ad* Carivarium *et Corybantum saltationem, in viduæ nuptiis, ad contumeliam secundarum nuptiarum.*

Le parlement de Toulouse s'est fortement prononcé contre les *charivaris;* on cite de lui différens arrêts, l'un du 18 janvier 1537, un autre du 6 février 1542, un troisième du 9 octobre 1545, un autre du

11 mars 1539, enfin un cinquième du mois de mars avant Pâques 1551; ce ne sont, sans doute, pas les seuls.

Le parlement de Dijon a également porté plusieurs arrêts répressifs du *Charivari*. Nous avons déjà cité, d'après Chasseneuz, un réquisitoire du procureur général de ce parlement, en date de 1518, contre des charivariseurs. Un arrêt du 25 juin 1606 « porte défenses à toutes « personnes de faire aux secondes noces, « aucune assemblée illicite et tumulte ap- « pelé vulgairement *Charivari,* sous peine « d'amende et de punition corporelle. » Cet arrêt a été renouvelé en 1640.

Vers 1612, un événement de Charivari survint à Beaune en Bourgogne, et occasionna un procès qui prouve que messieurs les charivariseurs continuaient, comme dans les siècles précédens, à exiger des nouveaux remariés les frais de la burlesque symphonie dont ils les avaient régalés. Ici, ils eurent même l'impudence de citer en justice les charivarisés, pour se voir condamner à leur payer une certaine somme à raison des frais du tapage qu'ils avaient fait à leur porte. Et, chose bien plus singulière ! le premier juge, qui, comme l'imprimeur Journel, était bien de son pays, ne fit aucune difficulté d'accueillir la demande des charivariseurs et de condamner les charivarisés. Ceux-ci appelèrent de cette sentence, plus faite pour figurer dans les poésies de Piron que dans les registres du greffe. C'est sur ces entrefaites, c'est-à-dire en cause d'appel, qu'Étienne Bouchin, procureur du Roi à Beaune, porta la parole en cette qualité.

Son réquisitoire, qu'il appelle *plaidoyé* (1),
est fort plaisant. Nous allons en citer le

---

(1) Ce jurisconsulte n'a pas voulu que la postérité fût privée de ses admirables réquisitoires. Il
en a même publié deux éditions; l'une à Dijon,
et l'autre à Paris. La première a pour titre :

*Plaidoyez et Conclusions, par maistre Estienne
Bouchin, conseigneur de Varennes, procureur du
Roy aux Cours royales, à Beaune.* A Dijon,
Cl. Guyot, 1618, petit in-8°. de 134 pages.

Cette édition est dédiée à M. Picardet, procureur général au Parlement de Dijon. L'auteur le
compare à un soleil lumineux. « Aussi, avez-vous,
« lui dit-il, un nom (*Pic-ardet*) et renom tout
« ardant, tout esclatant en ce temple de justice.
« Le son de vostre organe, je dis de vostre fluste,
« approchant à celui d'Apollon, surpasse de beau-
« coup le son de fluste du présumptueux et outre-
« cuidé Marsyas; car quand vous ouvrez la bouche,
« semblable à la porte d'un cabinet royal, vous
« faites paroistre mille belles et rares singularitez

début et quelques fragmens qui donneront une idée du talent, du jugement et de

---

« de doctrine. » Toute la dédicace est écrite dans ce genre, et, comme de raison, on y voit figurer « la statue de Memnon. »

Cette édition ne renferme que trois *Plaidoyez*, dont les titres prêtent à la curiosité : « 1°. Plaidoyé « et Conclusions prises sur le faict d'un prétendu « impubère accusé pour avoir dit qu'une femme « mariée avoit esté trouvée à diverses fois avec son « curé, qui la cognoissoit charnellement, p. 1-62. « — 2°. Autre Plaidoyé et Conclusions contre une « fille accusée de nouement d'éguillette, p. 63-82. « — 3°. Autre Plaidoyé et Conclusions contre un « fils accusé criminellement par son père, p. 82-112. « — Table des Matières, p. 113-134. »

La seconde édition a le même titre que la précédente, si ce n'est qu'elle porte que Bouchin est seigneur de Varennes, et qu'elle est augmentée d'autres Plaidoyez. *Paris,* Cl. Morel, 1728, in-8°. de 8 feuillets, 361 pages, et 21 pour la Table.

l'éloquence de ce magistrat, qui passait pour un aigle dans son temps. L'extrait sera un peu long; mais j'espère, mon cher

---

Elle est précédée de la même dédicace à M. Picardet, et renferme six Plaidoyez, d'abord les trois dont nous avons déjà parlé, et qui sont p. 1-65, 66-88, 89-144. « 4°. Plaidoyé et Conclu- « sions pour un vigneron condamné en l'amende, « à cause qu'il avoit derrobé de la paste propre à « faire du pain en temps de famine. » L'auteur y parle de Phryné Thespia condamnée à mort, et que son avocat Hypéride sauva, en faisant voir aux juges les charmes de sa cliente. Il cite à ce sujet, p. 240, ces vers du vieux Bonefons, qui peignent l'action d'Hypéride :

> Il détacha son collet
> Sous qui ce mont jumelet
> Nage à petites ondées
> De doux soupirs mignardées :
> Et découvrit son téton
> Cent fois plus blanc que coton ;

puis, opposant cette beauté à la hideuse Faim,

lecteur, qu'il ne vous ennuiera pas. Notre orateur beaunois raconte d'abord le fait :

« Une femme, dit-il, trois sepmaines

---

qu'il personnifie, il peint celle-ci par cet heureux vers de Dubartas :

Pour ventre elle n'a point que du ventre la place.

Je serais bien tenté de croire que Dubartas, par prévision et ayant le don de la double vue, aura volé ce vers à M. V. H.... Revenons aux titres des deux derniers *Plaidoyez.* « 5°. Sur la préférence « des créanciers et personnes privilégiées sur la « vente des meubles délaissez par un ecclésiastic, « p. 243-299. — 6°. D'un Chariváry donné à une « femme qui s'estoit remariée incontinent aprés le « décez de son mary, p. 301-360. » C'est de ce dernier Plaidoyé que nous donnons quelques extraits. M. Merlin en a aussi donné dans son *Répertoire de Jurisprudence.* Paris, 1812, tome II, p. 203-204.

après la mort de son mary se remarie avec un maistre charpentier, de quoy les voisins et autres charpentiers advertis, luy donnent la veille et le jour des espousailles le Charivary avec un bruit et tintamarre ordinaire en telles actions. Le lendemain ils demandent aux nouveaux mariez quelqu'argent pour les frais qu'ils avoient faits; ce que leur ayant esté refusé, ils se pourvoient pardevant le juge dont est appel, lequel par sentence leur octroie certaine somme de deniers; lesdits mariez advertis de ce, et à la signification qui leur en fut faicte, déclarent qu'ils se rendent et portent appelans. »

Après cette exposition du sujet, Bouchin commence par louer la virginité, et les veuves qui ne se remarient point; il déclame ensuite contre les secondes noces, et surtout contre l'impatience des veuves qui se remarient trop promptement, contre l'imprudence des vieillards qui se marient, et enfin contre les marâtres; après quoi il excuse ou justifie ce qu'il vient de condamner. Quelques citations sur chacune de ces parties de son plaidoyer feront juger de son style.

« Les anciens, dit-il d'abord, ont fait un grand estat de la fille qui a esté vierge toute sa vie, *cujus*

Nulla Venus, nullique animum flexere hymenæi,

(VIRGIL.)

qui ne sait que c'est de mariage, et, comme une autre Daphné, ne le veut savoir; mais notamment de la vefve qui a passé tout le reste de ses jours en continence,

Sola jacens viduo tam longâ nocte cubili. »

(OVID.)

Ensuite il cite saint Cyprien, qui, dans son Sermon III sur la Patience, dit : *Tuetur in virginibus beatam integritatem, in viduis laboriosam castitatem, in cunjunctis et maritatis individuam charitatem.* Nous devons remarquer qu'il dit *laboriosam in viduis castitatem*, comme a fait devant lui Tertullien : *Vidua habet aliquid operosius, quia facilius non appetere quod nescias, et aversari quod desideraveris nunquàm.* Et, continuant à parler des veuves, il ajoute : « Lors mesmement qu'elles ont desjà gousté de cette douce liqueur, tesmoings les plaintes de Pénélope :

Non ego deserto jacuissem frigida lecto,
Nec quererer tardos ire relicta dies.

(Ovid.)

« L'appétit vient en mangeant, et lorsque l'on prend goust en quelque viande, elle est tant plus désirée qu'elle se trouve rare : que s'il s'en peut recouvrer, l'on se persuade, pour satisfaire à ses appétits, mais inutilement, que les viandes que l'on prend ont quelque goust des désirées.... » Nous ne finirons pas cette tirade, à cause de certaines expressions et de certaines images dont on pouvait alors s'accommoder au tribunal de Beaune, mais qui ne conviendraient point à la décence et à la délicatesse du temps présent.

Ensuite l'auteur déclame contre les secondes noces. « Les canonistes, dit-il, ont ceste opinion, et tiennent que les secondes nopces sont vrais indices d'incontinence; et le poète Martial, VI, ép. 7 :

Quæ nubit toties, non nubit; adultera lege est.

« Chez lesquels Romains, si les vefves se remarioient, ce devoit estre en un jour de feste, afin que ce leur fust déshonneur d'être remariées en grande compaignie, pour ce que, dit Plutarque, les premières nopces sont désirables, mais les secondes abominables ; et par le concile Néocæsa-rien : *Pœnitentia sæpè nubentibus injungitur, prohibeturve ne presbyteri interveniant.* Les prestres ne s'y trouvoient pas, et toutesfois la loy sacrée vouloit auparavant que les séculiers eussent toujours quelques ecclésiastiques en leurs banquets et festins nuptiaux.... »

Passant aux vieillards, puis à l'apologie du Charivari, notre jurisconsulte dit que « la jeunesse est beaucoup plus apte à faire les nopces que n'est pas le grand aage :

> .... *Veneri quoque convenit ætas;*
> *Turpe senex miles , turpe senilis amor,*
>
> (Ovid.)

estant la planette de Vénus *præses rei uxoriæ*, du tout contraire et ennemie à celle de Saturne, qui se nomme *senectutis antistes*. Par ceste considération, l'on peut entendre que c'est une grande imprudence à ceux *quorum funerata est pars illa corporis*, et qui sont en aage bien advancé, de se marier ; puisque *senes*, dit Galien, *non sunt apti palestræ venereæ, parùmque diligenter fundum uxorium colere possunt, cùm senectus frigida sit et sicca*, et qu'ils n'ont pas de quoy pour payer le tribut. Aussi les jeunes personnes n'aiment-elles guieres la compaignie de tels gens.

Et senis amplexus culta puella fugit.

(Tibul.)

« Et est à craindre pour tels maris, qu'elles ne mettent en pratique le pouvoir que leur donne la loy de Solon, instituée au grand contentement d'aucunes femmes contre les impuissans aux actes de mariage. Lesquelles personnes sont subjectes d'estre mocquées aussi bien que ceux qui passent en secondes nopces, et d'avoir le *Charivary* à la façon des Corybantes.... et bien que Faber (Jean Favre) et Chassanée (Chasseneuz) n'appreuvent pas le *Charivary*, si est-ce que d'autres sont d'advis contraire, et ont escrit que *non fit injuria secundò nubenti si carivarium detur;* c'est une coustume ancienne laquelle se peut aucunement tolérer, *quæ consuetudo etiam prava excusat, quamvis actum non validet,* dit Benedicte, *et ubi mos est, crimen non est;* et Barthole dit que *nedùm in dolo, imò nec in culpá est, qui facit illud quod fieri solet quamvis illicitum.......* Les nouvelles mariées autresfois ne se formalisoient pas d'estre frappées des corroyes de peaux de chèvres que portoient aux Lupercales des jeunes hommes de bonne maison, courans tous nuds, et frappans ceux qu'ils rencontroient... Pourquoy se formaliser et se fascher contre ceux qui donnent le Charivary?... Ces jeux et ces risées emportent encore souvent un doux admonestement et une correction en passant. Le Charivary ne signifie autre chose qu'une risée et mocquerie de ceux qui se remarient, n'apprehendans pas les grandes incommoditez que rapportent d'ordinaire les secondes nopces.... »

Bouchin, parlant ensuite des femmes qui se remarient, s'exprime ainsi : « Elles ne font pas seulement injure à leurs enfans, selon Justinian (NOVEL. 2 et 22) : *Sed et fidem priori marito datam violare et aspernari videntur.* » Il est à remarquer

que : « L'ame du défunct porte à regret
les secondes nopces du survivant : belle
histoire à ce propos d'un sénateur de Dijon, nommé Hilarius, enterré en l'abbaye
de Saint-Benigne, lequel eut tant de joye
et de contentement de ce qu'après son tres-
pas sa femme lui avoit gardé le lien de leur
mariage sacré, sainct et entier, que, comme
après la mort d'icelle, on la voulut enterrer avec sondit mary, et qu'à ceste fin on
commença à lever la tombe, on vit le défunct miraculeusement lever le bras pour
l'accoler et l'embrasser. » Ce beau miracle
d'amour et de fidélité conjugale est rapporté par Gégoire de Tours (CAP. 42. *In
gloriam confessorum*). Cet ancien historien raconte ainsi le fait : *Amoto opertorio, dùm locaretur in tumulo, subitò ele-
vatâ vir dextrâ, conjugis cervicem amplec-
titur, quod admirans populus deposito*

secessit opertorio, cognovitque quæ eis castitas, qui timor in Deum, quæ etiam inter ipsos dilectio fuisset in sæculo, qui se ita amplexi sunt in sepulchro.

Plus loin, l'auteur dit, avec Hésiode : « que celui qui se remarie *naufragus navigat bis profundum difficile,* il fait naufrage en un endroit où il n'y a pas de fond. Après la mort d'une femme en rechercher une seconde, c'est, suivant l'opinion du comique Philémon, vouloir flotter encore sur une mer d'inquiétudes et de misères; c'est un jeu où le hazard y a plus de part que la raison, et un effect de la blanque où chacun court aux bénéfices, et les plus heureux les rencontrent.... »

Rien de plus pénible que de « veoir des mariez qui ne s'entr'ayment point, et néantmoins vivre ensemble en une mesme maison, à une mesme table, et coucher en mesme lict; c'est, à la façon de Mezentius, veoir des vivans attachez aux morts, comme dit Alciat, *Embl.* 197,

Corpora corporibus conjungere mortua vivis.

« Il y a plus de plaisir et de contentement, dit l'*Ecclésiastique*, ch. xxv, v. 23, de demeurer avec les lyons et les bestes sauvages, que de vivre avec une mauvaise femme; car lorsque sa manie et fureur la possède, son cœur n'est pas d'accord avec sa robe, il n'y a créature qui luy puisse resister (1)... C'est pourquoy ceux qui se

---

(1) Je ne saurais trop louer la courtoisie du bon Bouchin, qui a épargné à son auditoire le long tableau de la mauvaise femme, que l'*Ecclésiastique* nous a tracé en quinze versets, du 22ᵉ au 36ᵉ. Vraiment, si ce livre était plus commun, il y aurait de quoi dégoûter pour la vie, non seulement

veulent remarier y doivent bien adviser, que s'ils le font sans grande prévoyance et considération, ils trament eux-mesmes leur honte, et l'issue n'a d'autre bonheur qu'un repentir; ils deviennent aussitost martyrs que marys... Ils sont subjects alors d'avoir le *Charivary*, de servir d'entretien au vulgaire, de défrayer toute sorte de compaignie aux dépens de leur imprudence, et d'estre mocquez à cause des grandes incommoditez que les secondes nopces rapportent :

> *Qui potest mulieres vitare, vitet; ut quotidiè*
> *Pridiè caveat, ne faciat quod pigeat postridiè.* »
> (PLAUT.)

---

des secondes, mais des premières noces. Il est vrai qu'après cela l'*Ecclésiastique* nous donne le portrait de la bonne femme en trois versets. Cela ne rappelle-t-il pas un peu le sac aux chances conjugales, où se trouvent 99 serpens et une anguille ? Quelle loterie !

Ici, Bouchin commence à chanter la palinodie ; il fait l'éloge de la femme, du mariage, des secondes noces : « La femme, dit-il, est compagne aux plaisirs et contentemens qui arrivent au mariage, mais encore l'est-elle davantage aux périls et aux fortunes... Dieu a donné la femme au mary pour ayde et secours (1)... La femme, dit Dubartas (Liv. VI de sa *Semaine*) :

Sans qui l'homme çà bas n'est homme qu'à demy,
Ce n'est qu'un loup-garou du soleil ennemy,
Qu'un animal sauvage, ombrageux, solitaire,
Bigarré, frénétique, à qui rien ne peut plaire
Que le seul desplaisir, né pour soi seulement,
Privé de cœur, d'esprit, d'amour, de sentiment.

---

(1) Parlant des secours dont la femme peut être au mari, Bouchin n'a pas oublié ce quatrain de Théodore de Bèze, qu'il a pris dans Pasquier :

Trina mihi variis ducta est œtatibus uxor :
Hœc juveni, illa viro, tertia deinde seni :
Propter opus prima est teneris mihi ducta sub annis,
Altera propter opes, tertia propter opem.

« Le mariage est honorable à tous et en tout... En suite de quoi les secondes nopces sont permises et tolérées par les lois divines et humaines. » L'auteur cite Justinien, qui dit que si la veuve ne peut *contra fervorem naturæ resistere... ad viri alterius veniat nuptias honestè;* puis ces paroles de l'apôtre : *Volo juniores viduas nubere, filios procreare, matresfamilias esse.* Je ne sais de quel apôtre parle Bouchin, mais ce qu'il y a de certain, c'est que les paroles qu'il cite ne sont dans aucune des épîtres de S. Paul, ni même dans aucune partie de la Bible. Parlant des avantages du mariage pour remédier à plusieurs infirmités, Bouchin ajoute : « La femme a encore ceste vertu que de faire renaistre la chaleur aux vieillards, *Quæramus regi nostro,* dirent les médecins du roy David, *adolescentulam speciosam in omnibus fini-*

bus Israël, et invenerunt Abisag Sunami-tidem, et adduxerunt eam ad regem ; erat autem puella pulchra nimis, dormiebat cum rege (REG. III. Cap. I, vv. 3, 4). Nicolaüs de Lyra (célèbre commentateur de la Bible), en expliquant ce texte sacré, en donne la raison, *quia optimum reme-dium contra frigiditatem membrorum et paralysin imminentem est amplexus mu-lieris, et maximè juvenculæ et virginis, et ideò talis fuit adducta ipsi David.* Il faut toutesfois en ceste action (à l'imitation des anciens) joindre à la statue de Vénus celle de Mercure *rationis præsidem.* » C'est ce qu'en ma qualité de docteur, j'ai souvent été dans le cas de prescrire à mes jeunes, secrets et imprudens cliens ; il est vrai que nous n'invoquions point alors Mercure comme *rationis præses*, le dieu de la mo-dération , mais bien comme le cousin germain d'Esculape. Bouchin recommande la modération « de peur qu'il n'arrive de mesme qu'à Cornélius Gallus Prætorius et à Titus Ætherius, chevalier romain, *qui inter usum Veneris absumpti sunt,* laquelle sorte de mort a tant esté désirée par le poète amoureux :

Felix quem Veneris certamina mutua perdunt,
  Di faciant lethi causa sit ista mei!

(OVID.)

« Il faut en toutes actions et en tout temps se conduire par la raison, car autrement on auroit besoin de l'herbe scandix qu'Hermolaüs appelle *pecten Veneris,* qui a cela de singulier qu'elle remet en nature ceux qui sont par trop essimez et affoiblis, *fatigato Venere corpori succurrit;* mesme elle rend ceux qui sont desjà sur l'aage, gaillards et désireux du plaisir, *marcescentesque senio jam coitus excitat;* la brupeste, la roquette, la cantaride et au-tres ont bien quelque semblable effect,

Sed Dea non patitur sic ad sua gaudia cogi,

(Ovid.)

la nature y est plus propre et donne plus de contentement que l'artifice. »

Je n'en finirais pas si je voulais citer tous les traits singuliers de ce *Plaidoyé* de M. le procureur du Roi de Beaune, qui a dû produire un grand effet sur les charpentiers de cette ville réunis à l'audience à l'occasion du Charivari qu'ils avaient donné à leur confrère. Je mets donc de côté une infinité de sornettes plus fortes encore que les précédentes, pour arriver à sa conclusion.

« Puis donc, dit-il, que le mariage est ordonné pour perpétuer le monde, un

remède de toute incontinence, un soulas
humain, un œuvre de Dieu, qu'il a lui-
mesme institué au paradis terrestre, et
cinq mille ans après l'a donné pour sacre-
ment en l'Église, et mesme permis les secondes nopces, il nous semble, sans néantmoins les vouloir faire marcher du pair
avec la virginité à la façon des hérésiarques jovinians, ny faire comparaison de
la vefve avec la vierge,

Dum intacta manet, dum inculta senescit ;

(CATUL.)

il nous semble, dis-je, que mal à propos
le juge *à quo* à, outre la concession du
Charivary, infligé une peine à ces nouveaux mariez, nonobstant les coutumes
alléguées..... Partant, nous ne pouvons
empescher qu'ils ne soient renvoiez de la
somme adjugée par ladicte sentence, et

conséquemment dit qu'il a esté mal jugé et bien appellé par eux. »

Je vous demande bien pardon, mon cher lecteur, de vous avoir retenu si long-temps à l'audience de M. le procureur du Roi de Beaune ; mais un réquisitoire de la force du sien n'est pas commun ; et depuis celui de Cicéron, commençant par *Quousque*, contre un certain Catilina, jusqu'à ceux de M. Persil, contre le tiers et le quart, contre la famille déchue et autres, je vous défie de trouver un morceau aussi précieux que celui de M. Bouchin, conseigneur de Varennes, procureur du Roi aux Cours royales de Beaune. J'ai donc cru, ne pouvant vous offrir tout entière cette galette beaunoise succulente, devoir vous régaler du moins de quelques unes de ses parcelles, à l'imitation de notre célèbre jurisconsulte M. Merlin.

Reprenons le cours de nos prohibitions du Charivari.

Dans le Dauphiné on le proscrivit aussi. En consultant les *Arréts notables de la Cour du Parlement, aydes et finances de Dauphiné, recueillis par Jean Guy Basset, advocat consistorial en ladite Cour*, Grenoble, 1676, in-fol., nous avons trouvé, p. 514, au chapitre IV, « Contre les masques, charivary et batteurs de pavé de nuit », le passage suivant :

« Sur la requête verbalement faite par le procureur général du Roy, la Cour, de l'avis des chambres, fait inhibitions et défenses à toutes personnes, de quelque qualité qu'elles soient, et particulièrement aux personnes masquées, d'aller la nuit dans les rues sans lumières, après que la cloche de la retraite aura sonné, à peine de prison, de 5oo livres d'amende et de punition corporelle. — Fait pareilles défenses de faire aucune (*sic*) Charivary, et auxdites personnes masquées de porter espées ni autres armes quelles qu'elles soient, soit de jour, soit de nuit, sous les mêmes peines..... » Cet arrêt est d'environ 1613.

Job Bouvot; avocat bourguignon, dans son *Recueil des Arrêts de Bourgongne,* Cologne, 1623, vol. I, in-4°. en 3 parties, et 1628, vol. II, in-4°., demande, tome I, 3ᵉ Partie, p. 18, « S'il est permis en hayne des secondes nopces de mener le CHERE-VARY (*sic*), qui est une assemblée d'hommes, femmes, petits enfans, qui portent paisles, chauderons et autres instrumens pour faire du bruit le soir des secondes nopces, et s'en vont ainsi par les rues ? » Puis il ajoute :

« Par arrest donné à Dijon en l'an 1661, au mois de juin, fut faict défenses de plus mener le *Cherevary*, appellé tumulte, à peine de cinquante livres d'amende. »

Voici encore un arrêt du Parlement de Dijon, donné en la cinquième chambre des enquêtes, sur le rapport de M. Gillot, le 1er août 1634, et qui confirme avec amende du fol appel et dépens, la procédure extraordinaire, le décret de prise de corps, et la sentence définitive du sénéchal d'Auvergne ou son lieutenant criminel à Clermont, du 4 août 1632, au profit de Bernard et Pierre Felins, contre Pierre Rudet et consorts, habitans du village de Chauriat, qui les avait déclarés suffisamment atteints et convaincus de l'assemblée illicite, extorsion, violences et *Charivaris* mentionnés au procès, et condamnés en l'amende envers le Roi, et réparation envers les parties, des sommes y mentionnées, avec défenses de récidiver sous peine de punition corporelle et aux dépens; le tout solidairement. Le célèbre avocat Julien Brodeau plaidait pour les intimés. (*Voyez* son *Commentaire sur la Coutume de Paris*, tome I, p. 400.)

Hyacinthe Boniface, célèbre avocat, nous raconte, dans ses *Arréts notables de Provence*, Paris, 1670, 2 vol. in-fol.; t. II, p. 35, « qu'en 1640, Gilibert Dalmas et autres ayant fait le *Charivari* avec obstination et malice au mariage d'Amphousse, furent condamnés au Parlement d'Aix,

par arrêt du 3 novembre, conformément
aux conclusions de l'avocat général Du-
baye, qui dit que par les conciles, l'un
tenu à Lyon en 1421, et l'autre à Trèves
en 1453, ceux qui excitoient des *Charivaris, in odium secundarum vel tertiana-
rum nuptiarum*, avoient été condamnés
comme hérétiques. »

Autre fait que nous transmet le même
Boniface : En 1645, la veuve Squarrade
s'étant remariée, un nommé Mounier et
autres, de Sallon, lui donnèrent un *Charivari*, qui ne consista pas seulement dans
la sérénade burlesque qui est d'usage, mais
ils traînèrent devant sa porte plusieurs
charognes qu'ils brûlèrent. La Squarrade
les fit citer en justice. » Par arrêt rendu
au Parlement d'Aix, en l'audience de la
Tournelle, du 25 février 1645, « ledit

Mounier fut condamné à dire et à déclarer qu'il tenoit Squarrade pour femme de bien et d'honneur, et, pour la faute par luy commise, la Cour le condamne en outre en six livres d'amende envers le Roy, et ses complices, en trois livres chacun, et tous ensemble à cinquante livres pour tous dépens envers Squarrade ; leur fait inhibitions et défenses de commettre semblables fautes, et enjoint aux officiers de Sallon de tenir la main à la prohibition desdits Charivaris. » (*Voyez* BONIFACE, *loc. cit.* de ses *Arrêts notables.*)

On peut encore consulter sur les proscriptions de *Charivaris* en Provence, les *Statuts et Coutumes* de cette province, commentés par J. Mourgues. *Aix,* 1632 et 1658 ; in-4°.

Philibert Collet, dans son *Explication*

des statuts, coutumes et usages de Bresse,
Lyon, 1698, in-fol., p. 15, à l'art. xxiv, *Ne
fiant larvaria in dispensationibus vel ali-
ter,* où le Charivari est nominativement
défendu, Collet, dis-je, explique ainsi cet
article : « Parce que les Pères n'ont pas
loué les secondes nopces, les peuples les
accablent d'opprobres (les secondes nopces), de la honte desquelles on s'exempte
en donnant à la jeunesse soulevée de quoi
faire la débauche. C'est à quoi aboutissent
toutes les assemblées de petites gens. Autrefois, dans la campagne, on faisoit de
grands repas le jour des funérailles, et
les jours de nopces, les curez commen-
çoient les dances (*sic*). Cet abus est
venu si près de nos jours qu'on voit bien
que c'est la misère du peuple plutôt que
le soin du prince qui a corrigé ce désordre. »

.Si l'article xxiv défend le *Charivari* en commençant, il permet à la fin la représentation des Mystères : *Per hoc tamen non intendimus prohibere jocos honestos et sanctorum historiarum repræsentationes, aut alias morales et jocundas, dùm modò fiant cum debito honestatis moderamine, et sine quâcumque injuriâ divinâ vel humanâ.*

Il paraît que les ecclésiastiques se mêlaient quelquefois aux *Charivaris*, car il est dit dans le même article : « *Si verò aliqui ecclesiastici sive clerici soluti inter tales ludibrietates reperti fuerint, ad suum ordinatorem statìm remittantur juxta demerita puniendi.*

Un arrêt de réglement du Parlement de

Lorraine du 17 janvier 1715, défend les *Charivaris*, à peine d'être procédé extraordinairement contre les coupables, et ordonne que les pères et mères, et les maîtres, demeureront responsables civilement des contraventions de leurs enfans et domestiques.

Une sentence rendue par le lieutenant de police du Châtelet de Paris, le 13 mai 1735, a condamné à l'amende différens particuliers pour avoir fait *Charivari*. Elle a en outre ordonné l'exécution des réglemens relatifs à la tranquillité publique, et déclaré, comme l'arrêt précédent, que les pères, mères, maîtres et maîtresses sont responsables des amendes qui pourraient être prononcées contre leurs enfans, leurs apprentis et leurs domestiques.

Edme de la Poix de Freminville, bailli de la Palisse, commissaire aux droits seigneuriaux, né en 1680, à Verdun sur le Doubs, mort à Lyon, le 14 nov. 1773, définit ainsi le Charivari, dans son *Dictionnaire ou Traité de la Police;* Paris, 1758, in-4°; ou 1771, in-8° de xvi-783 pages : « Un bruit confus fait par des gens du bas étage, avec des poëles, bassins, chaudrons et meubles propres à faire du bruit, avec des huées et des cris, pour faire injure à quelqu'un qui se marie et qui épouse une personne d'une grande disproportion d'âge, et particulièrement lors que ce sont des secondes noces. » Cette coutume, suivant cet auteur, est véritablement fort ancienne, mais comme elle est contre les bonnes mœurs, elle a toujours été proscrite par les arrêts, et punie sévèrement comme une assemblée illicite, défendue par toutes les ordonnances.

Il paraît que vers le commencement de 1780, il y eut à Joinville un Charivari assez solennel et assez sérieux, si l'on en juge par la sévérité de l'arrêt du Parlement de Paris, du 12 avril 1780, dont M. Merlin a rapporté les dispositions dans son grand *Répertoire de Jurisprudence*. Paris, 1812, 15 vol. in-4°. (*Voyez* t. II, p. 205.)

« La Cour (y est-il dit), sans avoir égard aux demandes de la partie de Poitevin (le sieur Simon) met l'appellation, et ce dont est appel, au néant; émendant, évoquant le principal, et y faisant droit, ordonne que les arrêts et réglemens de la Cour concernant les *Charivaris* et tous autres attroupemens populaires, ensemble l'ordonnance de police des officiers dudit Joinville, du 20 mars 1768, seront exécutés selon leur forme et teneur; condamne, tant ladite partie de Poitevin (le sieur Simon), que le nommé Perrin, procureur fiscal à Joinville; Bouqain, huissier; Regnier, commis à la requête des tailles; Lemaire, tanneur; les nommés Mauriau, Lecerf, Maigrot, Amour et Simon Ballet frères, chacun en vingt livres d'amende...; condamne les susnommés en deux mille livres de dommages et intérêts solidairement envers la partie de Husson de Broutières (le sieur Cadet), leur fait défense de récidiver et de faire à l'avenir aucun *Charivari,* sous peine de punition exemplaire; les condamne en tous les dépens solidairement des causes principales, d'appel et demandes....; faisant droit sur les conclusions du procureur général du

Roi, ordonne que Perrin, procureur fiscal à Joinville, et le nommé Bouqain, huissier, seront et demeureront interdits de leurs fonctions, pendant le temps et espace, savoir, ledit Perrin pendant un an, et Bouqain pendant six mois; permet à la partie de Husson de Broutières de faire imprimer et afficher l'arrêt..... le tout aux frais solidaires des accusés ci-dessus nommés..... »

M. Merlin ajoute : « Aujourd'hui les attroupemens connus sous le nom de *Charivari,* sont punis de peines de simple police. » *Voyez* l'article 479, n° 8, du *Code pénal* de 1810. En effet, cet article s'exprime ainsi : « Seront punis d'une « amende de onze à quinze francs inclusi- « vement.... n° 8, les auteurs ou complices « de bruits ou tapages injurieux ou noc-

« turnes troublant la tranquillité des ha-
« bitans. » (1)

---

(1) Je ne sais quelle Cour ou tribunal a décidé,
il y a quelque temps, que « le Charivari politique
« ne constitue pas une injure personnelle, ni un
« tapage injurieux ; il n'est répréhensible, d'après
« l'article 479 du *Code pénal*, qu'autant qu'il se-
« rait exécuté à une heure capable de troubler le
« sommeil des voisins. » Cela me paraît une interprétation très indulgente de l'article 479. Parce
que le Charivari est politique, il ne constitue pas
une injure personnelle ! C'est peut-être une affaire
de bienveillance ou de félicitation ? On a beaucoup
vanté la bienfaisance et la clémence du dernier
gouvernement ; mais, ma foi, quand on voit comment les cours d'assises et les tribunaux ont jugé
des causes excessivement graves en 1831, et même
depuis, à quelques exceptions près, c'est bien le
cas de dire que la clémence a été *inépuisable*.
Ne sont-ce pas des primes d'encouragement pour
augmenter la besogne des tribunaux ?

VI.

DU CHARIVARI,
PENDANT LA PREMIÈRE RÉVOLUTION
DE 1789 A 1830.

Pendant le cours de la révolution, et surtout pendant le régime de la terreur, le *Charivari* a sommeillé. Il est vrai que depuis 1789 jusqu'en 1815, il s'est fait un tel Charivari en France et dans toute l'Europe, particulièrement quand le Comité de salut public tenait la queue de la poêle, et qu'ensuite elle passa du Directoire aux mains de Napoléon; il s'est fait, dis-je, un tel tapage de tous côtés, avec

des tambours, des clairons, des clarinettes
de cinq pieds et de gros tuyaux de bronze,
que le bruit des petits Charivaris donnés
au coin des rues eût été tout-à-fait insigni-
fiant; d'ailleurs on avait bien d'autres
chiens à étriller. Aussi ce n'est que depuis
1815, quand on a commencé à jouir
d'une certaine tranquillité, que le vieux
Charivari a commencé à remontrer le bout
d'oreille, ou plutôt le bout de ses cornes;
car, en fait de Charivari, souvent cornes
s'y trouvent. (1)

____

(1) C'est ce que j'aurais pu vous démontrer,
mon cher lecteur, si le présent opuscule n'eût
été d'une taille et d'un embonpoint assez raison-
nables pour oser se présenter devant vous tel qu'il
est. Mon intention était d'y réunir un joli petit
traité analytique de tout ce qui a été dit et écrit
sur les cornes anciennes et modernes, depuis celles
de Jupiter Ammon jusqu'à celles beaucoup moins

C'est donc postérieurement à tout le fracas de notre première révolution (qui

---

respectables qui courent les rues en ce moment dans les états, villes, bourgs et villages de l'Europe et ailleurs. C'est un immense tableau que j'ai réduit en miniature. Je vous aurais fait voir que ce sujet, sans appartenir proprement au Charivari, y tient cependant comme la perruque tient à la tête humaine (car enfin c'est une coiffure), et qu'il ne lui est nullement étranger. Ce curieux petit sujet, manié avec toute la circonspection, la décence, la convenance possible, vous eût sans doute désopilé la rate, et même il eût pu vous instruire, car vous y auriez appris comment et dans quel temps les cornes, qui, chez les anciens, étaient un symbole de force, de puissance et de respect, sont devenues chez les modernes un symbole de faiblesse, de dérision et de moquerie pour le pauvre innocent qui n'en peut mais.

A propos de cornes qui ne sont pas étrangères au Charivari, je vous conterai, mon cher lecteur,

peut-être ne sera ni la plus belle, ni la
plus heureuse), qu'un beau jour, advint,

---

qu'il y a quelques années je me rendais de Saint-
Flour à Paris; et quelques affaires m'appelant dans
l'intérieur de la Haute-Marne, je fus très surpris,
en traversant un petit village entre Bourmont et
Chaumont, de voir une maison neuve, ou blan-
chie à neuf, présenter sur sa façade une certaine
quantité de belles et longues cornes, peintes en
noir, et disposées sans ordre et en tous sens. Je
demandai au postillon ce que signifiait cet enjoli-
vement assez inusité. Il me répondit que c'était la
suite d'un Charivari donné depuis plus de six mois,
par les jeunes gens du village, au bon homme
propriétaire de la maison, à l'occasion de son mariage, et que ledit bon homme ne se formalisait
nullement de ce genre de décoration. *Gaudeant
bene nati!* Où trouverait-on une plus belle preuve
de la simplicité des mœurs au village?

Encore une petite anecdote sur les cornes. Ici,
c'est un notaire de V......., petite ville de

comme par résurrection, en 1818, un *Charivari* dans le département de la Côte-

---

Bourgogne, qui regardant sans doute les cornes comme un apanage qui doit nécessairement survenir dans le mariage, voulait familiariser les jeunes mariés avec le panache symbole de cet apanage. En conséquence, il avait un fauteuil dans son étude, adossé contre le mur, à place fixe, et à trois pieds au-dessus du fauteuil était un superbe bois de cerf attaché à la muraille. Pendant plus de trente ans, il ne s'est pas passé dans cette étude un seul contrat de mariage, que le susdit fauteuil n'ait été la place d'honneur réservée au jeune marié. Il y restait pendant tout le temps que durait la rédaction de l'acte; et sa jeune épouse future, assise vis-à-vis lui sur une modeste chaise, souriait malignement, baissant modestement les yeux. Ce facétieux notaire existe encore; mais il n'exerce plus. J'ignore si son successeur a conservé la fourche caudine sous laquelle tant de maris ont passé pendant trente ans.

d'Or. Le monsieur à qui l'on rendait cet hommage, ennemi sans doute des vieilles coutumes, prit fort mal la chose; il se fâcha, et sa colère fit une telle explosion que M. le préfet fut obligé de prendre un arrêté pour interdire au peuple ces sortes d'hommages, et à ceux qui en étaient l'objet, tout témoignage de reconnaissance. Cet arrêté est inséré dans le *Mémorial administratif* du département, sous la date du 28 janvier 1818, pages 25-26.

M. le préfet commence par motiver la mesure qu'il prend, sur ce qu'une scène de désordre a eu lieu, et que le sang a coulé dans une commune de ce département à l'occasion d'un *Charivari* qui y a été donné. Il dit que cet usage bizarre, né dans des siècles de barbarie, n'aurait pas dû arriver jusqu'à nous, et qu'il ne doit plus être toléré. « Il n'est que trop certain, ajoute-t-il, que les *Charivaris* ont fréquemment entraîné, et peuvent entraîner encore des rixes sanglantes, dont il convient d'écarter le retour... » En conséquence arrête ce qui suit :

« 1°. L'usage des *Charivaris* est expressément interdit et défendu dans le département....

« 2°. Il sera donné connaissance de cette prohibition aux administrés par la publication du présent arrêté, qui aura lieu à la diligence de MM. les maires, dans toutes les communes du ressort.

« 3°. Les individus contrevenans seront dénoncés par l'autorité locale pour être poursuivis et punis des peines prononcées par l'article 479, N° 8 du Code pénal. (Nous l'avons rapporté plus haut.)

On ne sera peut-être pas fâché de connaître le fait ou du moins partie du fait qui a provoqué cet arrêté. Le *Journal de la Côte-d'Or* en a ainsi parlé :

« L'usage bizarre de faire le *Charivari* dans certaines circonstances, à la porte des nouveaux mariés, n'est pas si généralement tombé qu'il ne se soit maintenu dans quelques localités. Une réunion tumultueuse de ce genre, qui a eu lieu à Broin, canton de Seurre, arrondissement de Beaune, le 4 de ce mois (janvier 1818), a dégénéré en une scène sanglante qui pouvait avoir des suites encore plus fâcheuses.

« Un rassemblement de jeunes gens munis de poêles, poêlons, chaudrons et autres instrumens de cuisine, s'était porté au-devant du domicile du sieur D........, pour lui faire les honneurs du *Charivari;* celui-ci, prenant mal cette plaisanterie d'un goût suranné, sort armé d'un fusil chargé, tire sur l'attroupement, et blesse trois individus. Il chargeait de nouveau son arme, lorsque plusieurs jeunes gens parvinrent à le désarmer. Que fait alors le sieur D........? Il saisit un bâton, et se rend chez le maire du lieu, auquel il annonce l'intention de lui en administrer cinquante coups. Pour se débarrasser de cette visite peu civile, le magistrat se voit obligé d'arborer son écharpe. Ce signe de l'autorité a été seul capable d'apaiser le sieur D........, qui s'est retiré, dit-on,

> .... Honteux et confus,
> Jurant, mais un peu tard, qu'on ne l'y prendroit plus.

« La gendarmerie s'est rendue sur les

lieux, et des rapports sur cet événement ont été faits aux autorités. »

Voilà le fait. Il est certain que le sieur D........ , trop vif, trop emporté, a eu tort, et grand tort dans cette affaire; mais je ne lui trouve rien de commun avec le paisible et vaniteux Monsieur du Corbeau, qui, dans la sienne, n'a été que le plus -sot des animaux, attrapé par un fin renard comme il le méritait.

VII.

DU CHARIVARI, DEPUIS 1830.

Jusqu'ici, nous avons vu le *Charivari*, tout vieux qu'il est, se conduisant comme un enfant assez mal élevé, tapageur, malin, hargneux, mais ne se mêlant que d'affaires de famille, de veuvages, de mariages, de vieilles femmes amoureuses, etc.; et le bruit de ses exploits n'excédait guère les limites de la rue ou du quartier habité par les personnes objets de ses attentions. Mais, depuis la révolution 1830, portant plus haut ses prétentions, il a pris un bien autre essor. Endossant tout à coup certaine livrée politique, se coiffant d'un élégant bousingot de roulier, bien ciré, le petit drôle, *tandem custode remoto*, comme dit Horace, est devenu *sublimis, cupidusque*, et surtout *monitoribus asper*, c'est-à-dire se moquant de la police comme de colin-tampon (1). Aussi ses hauts faits, dans l'espace de quelques mois, ont été plus éclatans, plus multipliés que tout ce qui l'avait illustré depuis quatorze siècles.

---

(1) Je vous prie, mon cher lecteur, de croire que je n'ai pris cette traduction ou interprétation du *Monitoribus asper*, ni dans Dacier, ni dans Sanadon, ni dans Batteux, ni dans Desprez et Campenon ; elle est de mon propre fonds, et je pourrais vous présenter une traduction complète d'Horace dans ce nouveau genre, car ce brave homme d'Horace se trouvait, comme nous, dans

Je vous dirai donc, mon cher lecteur, que, fidèle à ma haute mission d'historiographe du Charivari, j'avais fait l'histoire très détaillée des derniers et illustres travaux de notre jeune étourdi. Mais, ô malheur imprévu! je me vois frustré de l'honneur de vous offrir ce superbe ouvrage, le plus beau de ma couronne, bien certainement. Et savez-vous pourquoi? c'est que cette histoire manuscrite formerait à elle seule la matière d'un volume de plus de 500 pages, tant j'ai eu de

---

une monarchie nouvelle ou empire entouré d'institutions populaires, et, mieux avisé que Cicéron, il ne se souciait guère plus que nous de république. Oui, je soutiens que ma traduction vaudrait un peu mieux que toutes les précédentes, même celle qui est accompagnée des notes de ce fou de Galiani, qui était bien le plus joli petit poupet de savant très profond que j'aie connu de ma vie.

belles choses à raconter. Et je vous le demande en conscience, mon cher lecteur, seriez-vous homme, au milieu de l'effroyable déluge de livres, de brochures et pamphlets qui inonde la capitale, noie le goût et gagnera bientôt les tours de Notre-Dame si une ordonnance ou la misère n'y met ordre; seriez-vous homme, dis-je, à donner 6 à 7 francs pour l'histoire du Charivari, et surtout des Charivaris modernes? Non, sans doute. Et moi, je ne suis pas assez sot pour faire la guerre à mes dépens, et ajouter un ballot de rames de papier blanc et noir à tous ceux qui pourrissent au fond des magasins de maints libraires. Je suis donc forcé de renoncer malgré moi à la gloire intégrale de mon chef-d'œuvre complet; oui, aussi complet que la collection des *OEuvres* de M. le vicomte de Chateaubriand, écrivain séduisant, mais qui, soit dit en passant, est un assez mauvais coucheur sous tous les régimes, *antè et post.* Contentez-vous donc, mon cher lecteur, de ce que je vous donne en ce moment; d'ailleurs, *Chari-vari* pour *Charivari,* c'est toujours à peu près la même chose. Si la cause diffère, l'effet est le même : chaudrons, pelles, pincettes; pincettes, pelles, chaudrons, *semper totidem.* Et puis, en bonne foi, mon cher lecteur, en seriez-vous bien plus avancé, quand je vous apprendrais par ordre de dates, que

M. R.....n de la R....e a été charivarisé à Rennes, et, long-temps après, à Saint-Malo;

Que M. le baron de T........d, préfet, l'a été à Arras;

M. R..l, député, à Bordeaux;

M. A.....u, député, à Toulouse, à Tarascon, à Pamiers;

M. T....s, député, à Aix, à Marseille;

M. A...é, député, à Colmar;

Les autorités, à Elbeuf;

Un ouvrier, pour mariage, à Castres;

M. J..s, député, à Lyon;

M. A........n G....d, député, à Angers;

M. le curé de Saint-Pierre, à Caen;

M. le général S....r, à Clermont-Ferrand;

M. T.....d de L......e, presque, à Issoudun;

M. D....t-M.....t, à Poitiers;

M. M...e, député, à Grenoble;

M. C.......t, payeur, à Vannes;

M. B.....d, président du tribunal, au Blanc (Indre);

M. G...n, procureur du Roi, au même tribunal, au Blanc;

M. P.......t-A........r, député, à Limoges;

M. le curé, à Bourg-d'Ault (Somme);

M. de S...t-C...q, par duplicata, à Orthez;

M. M...l, député, *ter*, à Carcassonne;

M. le général B.....d, à Périgueux;

M. le sous-préfet, à Castelnaudari;

M. P....t, député, à Metz et à Bourges;

M. D....x, député, à Bourges;

M. le général H.....e, à Bayonne;

M. le président du tribunal, à Bayonne;

M. le c......l de R...n, à Besançon;

M. le vicomte D....n, à Carcassonne, et quasi à Villefranche et à Clermont-Ferrand, *bis*;

M. l'évêque de L....., à Guéret;

M. J......d, directeur des contributions indirectes, à Altkirk;

M. le préfet, à Poitiers;

Le sieur B.....r, pour mariage, à Poligny;

M. G.......t, député, à Angoulême;

M. F.... d'E........r, sous-directeur des
constructions navales, à Rochefort;

M. C...e, sous-préfet, à Aix;

M. S...n-L.....e, commandant à N....s,
à Dijon;

M. L........e, sous-préfet, à Montpellier;

M. G.....n, à Fécamp;

M. L..n S.....n, préfet; essai très prononcé à Châlons-sur-Saône;

De jeunes mariés, à Marseille;

M. le baron de S....n, trop sérieuse-
ment, à Moulins;

M. T....t, préfet du Calvados, à Lisieux;

M. le procureur du Roi, à Marseille;

M. le général L....t, à Gap;

M. E....d B...., essai, à Limoges;

M. R....x-L...., imprimeur, à Lille.

Avouez donc, mon cher lecteur, qu'il serait fort inutile de vous instruire à fond de toutes ces billevesées charivariques, moins séduisantes encore par la source d'où elles émanent que par le charme de leur exécution. Non, vous ne seriez pas plus avancé quand je vous aurais mis sous les yeux la longue liste de ces burlesques hommages rendus à la vertu, au courage, au patriotisme, précieuses qualités toutes prises à rebours par ces intrépides et pétulans charivariseurs. Si cependant le cœur vous en dit, si vous voulez que je défile ce long chapelet de *Charivaris* modernes, entremêlés d'anecdotes piquantes, de versiculets malins, de réflexions parfois judicieuses, il ne tient qu'à vous; mandez-le-moi par un petit mot fort poli que vous m'adresserez, franc de port, s'il vous plaît, à Saint-Flour, et vous serez promptement servi, à moins que quelqu'un ne prenne l'avance sur moi, ce qui pourrait fort bien arriver, car un sujet neuf est un morceau de miel qui attire bien des guêpes et des frelons.

Je passe à mon dernier chapitre.

VIII.

PERFECTIONNEMENT DU CHARIVARI.

Nous vivons dans le siècle des lumières ; c'est un fait connu ; et cette vérité, triviale à force d'être répétée, ne peut être trop proclamée. Depuis que l'industrie est la dame et souveraine de toutes nos pensées, depuis que, mettant de côté toutes ces fariboles morales et catéchétiques dont on berçait notre enfance, nous nous sommes fortement attachés à la matière, partie vraiment solide, que l'on travaille, tourmente et dispose dans tous les sens pour la convertir en or, on peut dire que nous avons fait de tels progrès dans les arts et dans les sciences, que bientôt, s'il plaît à Dieu, nous pourrons escalader les cieux avec plus de succès que les Titans, et descendre au fin fond des enfers avec plus de facilité que le pieux bonhomme Énée, sans le secours de son rameau d'or. En attendant, portant nos regards sur le point intermédiaire, sur le juste-milieu entre ces deux extrêmes, c'est-à-dire sur la terre, nous voyons avec regret que le *Charivari* n'est point au niveau des progrès de toutes les autres parties des connaissances humaines, disons mieux, des instrumens humains. Il serait bien à désirer que le célèbre industriel, M. D...n se fût un peu occupé de la théorie de ce doux passe.

temps populaire, et eût proposé tout ce qui peut tendre à son perfectionnement. Puisqu'il a négligé cet objet important, il faut bien aspirer à l'honneur d'être son suppléant, pour cette partie seulement, car, pour le reste je serais *sutor ultra crepidam*, je déraisonnerais.

Posons d'abord en principe que le *Charivari* est un concert, non pas un concert concertant, mais un concert discordant, c'est-à-dire un concert en sens inverse de tous ceux qui ont existé depuis le premier où le roi-prophète a fait entendre sa divine harpe, jusqu'à celui où M. Paganini nous a *médusés* par les sons diaboliques de son violon enchanteur. Je dis diaboliques, car il n'y a que le diable qui en puisse tirer de pareils, de deux petites planches de sapin parallèles, à l'aide d'une trentaine de crins de cheval promenés sur quatre boyaux de chats napolitains, bien tendus. Puisque le Charivari est un concert, il lui faut donc des instrumens ; mais ces instrumens ne doivent pas sortir des fabriques de nos plus habiles luthiers, facteurs, etc., à moins qu'ils ne soient tellement usés et disloqués qu'ils rendent des sons aigres, baroques, criards comme ces patraques de Mirecourt, qualifiées à juste titre de souricières. C'est à Saint-Flour, ma patrie, qu'est la meilleure fabrique des instrumens fondamentaux de tout *Charivari* bien constitué. Ces instrumens sont ceux appelés de *percussion*, c'est-à-dire que l'on frappe. Il faut en outre des instrumens à vent, des instrumens à cordes, puis des voix ; car le Charivari est un concert instrumental et vocal. Passons rapidement en revue ces trois ou quatre sortes d'instrumens, et commençons par ceux de percussion. (1)

Nous ne pouvons trop le dire et le re-
dire, c'est à Saint-Flour qu'existe la fabrique par excellence ; c'est là que l'on
trouvera à choisir : chaudrons, chaudières, casseroles, pelles, pincettes, bassi-

---

(1) Je ne sais quel méchant écrivain, que je soup-
çonne carliste (Dieu l'éclaire et le convertisse),
s'est avisé, dans un article peu favorable aux députés charivarisés parce qu'ils veulent l'ordre et
la tranquillité, s'est avisé, dis-je, de faire un
commentaire allégorique fort insolent sur le *Charivari*, dans lequel il fourre nos casseroles et nos
poêlons. Je livre, mon cher lecteur, cette dia-
tribe à votre indignation :

« Le Charivari, dit-il, est énergique, symbo-
« lique, comme dit Figaro » (autre mauvais drôle
qu'on devrait bien renvoyer chez le comte Alma-
viva). « La casserole signifie programme de juillet,
« c'est-à-dire le programme a été mis à la *capilo-*

noires, léchefrites, poêles, poêlons, couvre-plats, bassins, arrosoirs, sonnettes de
vaches aux champs, autrement dit cam-
pênes, du mot latin *campana*, enfin colliers de grelots à l'usage des chevaux de
poste. Pour compléter cette collection
d'instrumens de percussion, il faut y ajou-

« *tade*; les promesses, les cocardes en *fricassées*;
« les libertés en *salmis*, le budget en *soufflé*, les
« républicains en *marmelade*; le poêlon signifie
« le sens-dessus-dessous, c'est-à-dire l'ordre pu-
« blic est *frit*, la politesse est *brûlée*, la gloire en
« *bouillie*, etc., etc. Vous voyez que le Charivari
« est une langue fort éloquente; elle peut servir à
« tous les individus et à toutes les époques; elle
« sert à la peine du talion. Saluons donc ces mes-
« sieurs; frappez, cymbalez, sifflez, tambourinez,
« flûtez, sonnez du cor, clarinettez. » (*Voyez* les
Journaux du 29 avril 1832.) Avouez, mon cher
lecteur, que dans tout cela il n'y a que *verba et
voces, prætereàque nihil.*

ter un tambourin, mais de la nature de ceux avec lesquels on fait danser les ours, un tam-tam, ou tang-tang, comme disent d'aucuns pour se conformer à l'ortho-graphe chinoise, qui nous est si familière; puis au moins un tonneau vide, et de jauge raisonnable, frappé à grands coups, et qui produise dans les tons bas ce qu'il y a de plus chatouilleux à l'oreille. (1)

---

(1) Demandez plutôt à l'un de nos plus aimables lyriques, dont les chants ravissans (quand on chantait encore en France) faisaient les délices de la capitale et des provinces. Ce digne enfant d'Apollon, relégué par la tendresse paternelle dans la célèbre ville de Beaune, en y débarquant, ne s'est-il pas d'abord trouvé logé dans une rue où toute la tonnellerie, occupée à fabriquer et à ra-douber des tonneaux, fait, du matin au soir, un tapage épouvantable. Tel voisinage ne convient guère aux Muses; cependant, cette musique hété-

Quant aux instrumens à vent, la corne de bouc, vulgairement nommée cornet à bouquin, qui sert à appeler les vaches aux champs, doit avoir d'abord le pas. Ensuite vient la grande trompe de chasse, dont les

roclite a fourni à notre lyrique le sujet de charmans couplets, où il se plaint de la manière la plus délicate et la plus agréable de tout ce tintamarre. Croirait-on qu'un présomptueux et outrecuidé Marsyas, comme dirait le vieux Bouchin, a répondu à ces jolis couplets par une lourde boutade tout-à-fait inconvenante ? au reste l'auteur, instruit de son erreur par le mécontement public, a hautement publié ses regrets, et chacun lui en a su gré.

Maintenant, je demande à M. Armand Gouffé (car on l'a bien certainement deviné dès les premiers mots de cette note), je demande si un tonneau travaillé au milieu d'un Charivari, comme les tonneliers de Beaune travaillent les leurs, ne doit pas faire merveille ?

sons majestueux font tant plaisir aux voisins de celui, qui à sa fenêtre, s'exerce
sur ce mélodieux instrument! Puis l'aigre
clairon ou petite trompette dont on se sert
dans l'infanterie pour faire marcher au
pas les soldats aux dépens de leurs oreilles et des nôtres; le bec de clarinette, ou
plutôt la clarinette et le haut-bois maniés
par un écolier qui a deux mois de leçons
et pas plus, produisent aussi un excellent
effet. L'instrument qui l'emporte sur tous
les autres par l'étendue et l'expression du
son, qui, pénétrant dans votre oreille, ne
ressemble pas mal à l'effet d'une alène de
cordonnier qui vous percerait le tympan,
cet instrument, dis-je, est le sifflet, mais
le sifflet du chasseur (1) qui se fait enten-

(1) Cicéron nous a parlé dans ses Lettres des
marques d'improbation que les Romains donnaient

dre d'un bout de la forêt à l'autre. Ajoutez à cela, si vous le pouvez, une musette bien renflée, à trois ou quatre chalumeaux, et vous pouvez être assuré que cette partie du concert sera à peu près complète.

Les instrumens à cordes sont ordinaire-

parfois au théâtre, et les coups de sifflets y figuraient comme chez nous. Voici les expressions qu'il nous a transmises, et qui marquaient la gradation des signes de mécontentement, depuis le simple murmure jusqu'au tapage le plus effroyable : l'*admurmuratio,* le *sibilus,* le *strepitus,* le *fremitus,* le *clamor,* le *tonitruum.* L'instrument le plus redoutable était la *fistula pastoritia,* le sifflet de berger, semblable à notre sifflet de chasse. De tout temps il a vivement et douloureusement affecté l'oreille des acteurs qui l'ont provoqué. Les charivarisés s'en plaindraient également, si cet agréable son ne se mariait pas moelleusement avec celui des autres instrumens.

ment la partie la plus maigre du genre de symphonie qui nous occupe. Les bons violons de Mirecourt, dont j'ai déjà parlé, un peu fêlés, et raclés par un ignorant avec un archet très colophané, ont bien leur petit mérite. Prenez aussi la vielle, qui, avec sa roue fortement poix-résinée et ses cordes criardes, nous fournit des sons si mélodieux! Il est encore un instrument à cordes qui serait merveilleux; mais il n'est plus d'usage : c'est la trompette marine, qui, avec une seule corde grosse comme le petit doigt, se faisait entendre à une demi-lieue : si vous pouvez en découvrir une, ne la manquez pas.

Enfin la redoutable crécelle tient un rang distingué parmi tous les instrumens dont nous venons de parler.

Arrivons aux voix : elles doivent aussi

payer leur tribut à l'illustre Charivari, et même un tribut assez notable. Elles appartiennent en général à la partie du concert connue sous le nom de *cris* et *huées*. Les *cris* sont ordinairement le partage des enfans et des personnes du sexe, parce que leurs criailleries forcées s'allient admirablement avec le produit aigu du sifflet. Pour les *huées*, il faut des voix mâles, des voix choisies, des voix de hourra ; celles que l'on appelle voix de rogomme ou de mariniers, ou de porte-faix, fortement arrosées d'eau-de-vie, sont les meilleures, surtout quand un rauque enrouement, qui n'ôte rien au volume de la voix, y ajoute un certain charme. Pour renforcer la symphonie, des cris de cochon de lait ne sont point à dédaigner ; il suffit de leur pincer la queue plus ou moins fort pour en obtenir des cris tels qu'on peut les désirer. Le grognement de leurs pères est trop sourd, trop monotone ; c'est seulement quand on les saigne que leur voix prend une extension qui conviendrait : mais le jeu n'en vaudrait pas la chandelle. On doit rejeter tout instrument qui ne peut servir qu'une fois. Le beuglement du taureau serait aussi admirable ; mais c'est un animal brutal, indocile, et incapable de jamais devenir un virtuose en musique, même en musique charivarique. On tirerait meilleur parti de quelques chiens que l'on fouaillerait par intervalle au bruit des autres instrumens.

Tels sont les élémens musicaux qui doivent entrer dans la composition d'un Charivari bien organisé ; mais pour que l'harmonie soit plus parfaite et qu'aucune

partie ne prédomine trop, le chef d'orchestre aura soin d'établir, dans les plus
justes proportions, le nombre des instrumens de chaque espèce, selon la population du lieu où se donnera le concert (1).

---

(1) Par exemple, nous proposerions pour une
ville d'une certaine étendue, de 15 à 20,000 âmes,
le nombre des instrumens dans les proportions
suivantes :

12 Chaudrons,
10 Casseroles,
4 Grandes chaudières,
3 Lèchefrites,
12 Pelles et 12 Pincettes,
12 Couvre-plats, en guise de cymbales;
6 Poêles et Poêlons,
4 Bassinoires,
8 Bassins,
6 Arrosoirs,
10 Clochettes et Sonnettes de mulets,
4 Colliers de grelots,
2 Tambourins à faire danser l'ours,
1 Tam-Tam,
1 ou 2 Tonneaux vides,
3 Cornets à bouquins,
2 Grands Cors de chasse,
3 Petites Trompettes,
4 Clarinettes mal emman-chées,
2 Hautbois *idem*,
2 Sifflets : c'est assez;
1 Musette,
4 Chétifs Violons à racler,
2 Vielles,
1 Trompette marine, s'il se peut;
4 Crécelles,
10 Voix criardes,
8 Voix à huer, ou plutôt à hurler;
3 Gorets ou Cochons de lait,
4 Chiens à étriller.

Voilà tout ce qu'il faut. Je puis assurer que,

Il est certain qu'une ville de 30,000 âmes
doit réunir un plus grand nombre d'artistes qu'un village de 500 feux.

S'il est au monde un objet qui exige de

---

quand tout cela est vigoureusement mis en branle
et à l'unisson, le tympan de l'oreille éprouve toutes
les jouissances désirables. Je n'ai pas besoin de
prévenir MM. les artistes musiciens que, dans la
salle de concert, qui n'a de parquet que les pavés
et de plafond que la voûte céleste rembrunie, il
ne faut ni siéges, ni pupitres, ni bougies; c'est
toujours une économie. D'ailleurs ce serait fort
incommode, quand on est obligé de lever le siége
à l'improviste, après avoir été trois fois sommé,
puis assommé si l'on ne déguerpit pas promptement; ce qui n'est point du tout agréable, et nullement en harmonie avec la civilité française.

Je n'ai point parlé de concerts hydrauliques,
tels que celui que M. L..... a donné sur la place
Vendôme, l'an dernier, parce qu'il n'a aucun

l'ordre, de l'ensemble, une unité d'action, de principes et d'exécution, c'est bien certainement un concert; or, le Charivari étant un concert tout comme un autre, on ne peut donc trop recommander d'y observer cette loi fondamentale. Lorsque le chef d'orchestre aura conduit son monde en silence, devant la demeure du personnage honoré de ce haut témoignage d'estime, de considération et d'affection de la part de ses concitoyens, il fera ranger ses musiciens soit en rond, soit sur

----

rapport au Charivari. Celui-là ne se donne qu'en plein jour, avec des instrumens hydro-pneumatiques à sourdines, dont l'effet est d'exercer les jambes des spectateurs par le moyen de rafraîchissemens, plutôt que de charmer leurs oreilles. Ces sortes de concerts sont rares ; leur improvisation en assure ordinairement le succès.

plusieurs lignes, mais cependant de manière à ce que la partie des instrumens à vent soit la première, la partie métallique au centre, et la partie vocale par derrière. Tout gardera le silence jusqu'au signal du chef. Ce signal à peine donné, la symphonie doit commencer avec une ardeur, un zèle, un dévouement, un tapage inexprimable. Ce premier morceau de musique durera environ un quart d'heure. Au second signal du chef, profond silence; alors une voix de Stentor proclamera le grand mot de CHARIVARI! la foule demandera : POUR QUI? la voix répondra, et prononcera solennellement le nom de l'honorable charivarisé, ses qualités et le juste motif des hommages qu'on lui rend. La proclamation finie, un moment de silence, puis, au signal du chef, la symphonie bruyante reprend son cours avec une nouvelle vigueur. La proclamation et l'harmonieux vacarme se renouvellent selon l'importance du héros de la fête et selon la gravité du cas; mais il ne faut pas que cela dure plus d'une heure, une heure et demie, entre neuf et onze heures du soir. Enfin, après la dernière proclamation et la dernière pièce de musique, comme il faut être honnête en tout et partout, on doit souhaiter une bonne nuit à l'honorable charivarisé.

Voilà, mon cher lecteur, les grands, les seuls et les vrais principes sur lesquels doit se monter et s'exécuter le concert en question. C'est parce qu'on a trop souvent négligé de s'y conformer, soit relativement au choix, à la nature et à la qualité des instrumens, soit relativement à l'ordre qui doit s'y observer, que j'ai cru, pour ma propre gloire, pour celle de mon pays, et pour l'intérêt de mes concitoyens, devoir mettre en lumière un réglement aussi important, et qui est un véritable perfectionnement dans le grand art du Charivari.

Mais, me diront quelques critiques atrabilaires (car, comme les champignons vénéneux, il en pousse partout), comment se fait-il, monsieur le docteur, que vous, qui avez dit et prouvé que le Charivari a été défendu dans tous les temps, vous vous permettiez de publier un réglement pour le maintenir, et même pour l'exécuter *in extenso?* — Ah, ah! Messieurs, autres temps, autres mœurs; ce n'est pas pour des prunes que nous avons reconquis la liberté! ce serait bien le diable si le peuple souverain n'avait pas le droit de témoigner, dans un moment d'hilarité, le cas qu'il fait des gens. D'ailleurs le Charivari était un désordre, et moi j'y mets de l'ordre; et tout désordre qu'il était, de grands jurisconsultes ont pris son parti : *Ubi mos est, crimen non est*, a dit l'un d'eux; *nec in culpâ est, qui facit illud quod fieri solet, quamvis illicitum*, a dit Barthole. On peut donc donner le Charivari; oui, on peut le donner, mais sous certaines conditions expresses auxquelles je tiens fort, et dont je fais un article additionnel à mon réglement. Ces conditions sont, 1°. que le Charivari ne troublera point l'ordre public; 2°. qu'on s'y interdira toute voie de fait; 3°. qu'il s'exécutera sans aucune espèce d'animosité de la part des artistes-musiciens; 4°. qu'on n'y vexera personne ni au moral, ni au physique; enfin, 5°. qu'il ne troublera point le sommeil

des voisins. Voilà mon Charivari, à moi ;
voilà le seul dont je reconnaisse la léga-
lité. Si l'on se livre à ce joyeux passe-
temps populaire sans remplir toutes ces
conditions, je me démets de mes fonctions
de législateur du Charivari, et je me range
du côté de la police et des patrouilles, qui
parfois prennent la liberté grande de faire
exécuter une *fugue* précipitée à messieurs
les charivarisans, au grand contentement
de messieurs les charivarisés.

J'ai encore un petit mot à vous dire,
mon cher lecteur ; ici, il n'est plus question du matériel du concert, mais des
motifs qui le font donner. Autrefois, on
n'était guère sujet aux représailles du
Charivari, à moins qu'après l'avoir donné
aux autres, on ne fît quelques folies du
genre de celles qui l'ont provoqué de tout

temps, comme de se remarier étant veuf, de s'amouracher d'une jeune personne sur ses vieux jours, et autres niaiseries semblables. Mais aujourd'hui, c'est différent; depuis que mons Charivari s'est fourré dans la politique, et qu'on le fait servir de jouet aux passions les plus irritantes, n'est-il pas à craindre que celui qui le mène à la porte de M. un tel, ne reçoive sa visite dans six mois? Car, dans cette affaire, et par le temps très mobile qui court, de quoi s'agit-il? De la faveur populaire, de cette Mégère inconstante, après laquelle tant d'ambitieux galopent, et qui leur échappe au moment où ils croient l'avoir saisie. Cet étourdi de Charivari, qui, avec sa nouvelle livrée, a l'effronterie de se dire l'organe de cette faveur, ne se doute pas qu'il en est à cent piques, et qu'il n'est qu'un sot qui n'y voit pas plus loin que le bout de son nez. Je vais, à ce sujet, c'est-à-dire au sujet de la faveur populaire, vous citer un passage de Journal assez frappant, que l'on m'a communiqué l'autre jour, et dont j'écarterai tout ce qui tient à l'esprit de parti. Car d'abord, mon cher lecteur, j'ignore de quel parti vous êtes, mais je présume que vous êtes du mien, de celui de la paix, de la tranquillité, de l'union entre les citoyens, enfin de celui qui ne donne ni ne reçoit de *Charivari*. Voici donc le passage en question, il roule sur les excursions récentes de quelques députés de renom, dans les départemens, et sur la différence d'accueil que les uns et les autres y ont reçu. Puissent les uns et les autres profiter de l'avis! C'est par où je finirai.

« Tandis que les députés de l'extrême

gauche, dit l'article, parcourent les dé-partemens du nord au milieu des acclama-tions, des banquets et des félicitations de leurs commettans, pendant qu'ils voyagent commodément et qu'ils s'abreuvent à longs traits d'encens patriotique et de vin du Rhin, ceux de leurs collègues qui, jadis aussi populaires qu'eux, se sont effrayés des conséquences fatales de l'insurrection, et se sont attachés au pouvoir existant, sont obligés de voyager à *huis-clos*, et de se cacher au fond de leur voiture, ne pouvant échapper, malgré toutes leurs précautions, aux concerts bruyans des pelles et des chaudrons qui les attendent partout où l'on devine qu'ils devront passer. Bon gré, mal gré, il leur faut se soumettre à l'aubade charivarique; et malheur à ceux qui prennent mal la chose! Demandez plutôt à M. de S.....n. Eh

quoi! ce noble baron était-il moins populaire, moins ardent pour la révolution
que MM. M.....n et O.....n-B....t?
Non, sans doute; mais il s'est fait partisan de la royauté : il a abandonné la ligne
des M.....n, des C...t, des O.....n-
B....t. Voilà des hommes du peuple!
Aussi voyez comme ils sont accueillis, fê-
tés, embrassés! C'est une ivresse, une fré-
nésie. Aujourd'hui, oui!... mais demain!...
demain, il leur arrivera ce qui vient de
vous arriver. Car c'est là l'histoire de toutes les révolutions.

« Ouvrez les fastes de la nôtre. C'est
d'Esprémenil qui se présente le premier;
porté en triomphe, adoré en 1789, on le
lapidait en 1790, on le guillotinait en 1794.
Necker, idole du peuple en 1788, était
heureux, deux années plus tard, de se

soustraire aux malédictions des Parisiens, et d'échapper au *zèle* des habitans d'Arcis sur-Aube. Bailly, élu maire de Paris presqu'à l'unanimité, meurt sur l'échafaud. Péthion, que le peuple accablait de son enthousiasme et de ses *vivat*, se sauve, errant, persécuté, traqué comme une bête fauve, et n'échappe à la guillotine que par le suicide. Les restes de Marat, portés par le peuple au Panthéon, sont, l'année suivante, traînés honteusement par ce même peuple, et jetés dans un ignoble égout. Enfin rappellerai-je quel amour, quels transports éclataient en faveur de Barnave, de Danton, de Robespierre luimême? Et quels applaudissemens, quelle bruyante ivresse les accompagnèrent plus tard, quand la hache du bourreau s'abaissa sur leurs têtes? Et vous aviez tous ces exemples devant les yeux, messieurs les charivarisés ; et vous savez l'histoire, et vous vous étonnez, et vous vous indignez ! Ah ! plutôt gémissez...... Au reste, n'enviez pas le triomphe et le cortége populaire de vos collègues, de ceux qui vous ont laissés sur la route..... le peuple les traîne, ils suivent leur maître, et ce maître les mènera loin...... Qu'ils arrivent donc au pouvoir, où tendent tous leurs vœux ! qu'ils s'élèvent haut, bien haut ! nous les y attendons.

La roche Tarpéienne est près du Capitole.
(*Voyez* les Journaux du 4 septembre.)

Je suis bien fâché, mon cher lecteur, de vous laisser ainsi perché sur la roche Tarpéienne ; mais j'ai dit que je m'arrêterais là, et je tiens parole. Puisse cette fameuse roche être pour certaines gens un phare lumineux, plutôt qu'un affreux casse-cou d'où tant d'ambitieux ont dégringolé, à commencer, je crois, par monsieur Manlius ! Qu'il leur en souvienne

Mais malheureusement, mon petit doigt me dit à l'oreille que je parle à des sourds ; et mon petit doigt ne m'a jamais trompé : tant pis pour eux.

Sat prata biberunt.

TABLEAU

DES

CHARIVARIS MODERNES,

OU

COMPLÉMENT DE L'HISTOIRE DES CHARIVARIS

DU DOCTEUR CALYBARIAT;

Par Eloi-Christophe Bassinet,

SOUS-MAÎTRE A L'ÉCOLE PRIMAIRE DE SAINT-FLOUR, ET AIDE-CHANTRE
A LA CATHÉDRALE.

AVERTISSEMENT.

LA servante de M. le docteur Calybariat m'ayant communiqué furtivement l'histoire manuscrite du Charivari, que son maître venait de terminer, je l'ai lue avec avidité. J'ai d'abord été assez content du début, et même de l'histoire de l'ancien Charivari, quoiqu'il y ait bien des lacunes, et, sauf le respect dû à M. le docteur, bien des choses ennuyeuses, ne serait-ce que ses sempiternelles citations dans un mauvais latin qu'il nous a débité, à l'imitation des savans en *us* du XVIe siècle.

Mais ce que je ne lui pardonne pas, c'est d'avoir tout-à-fait écourté son histoire en la terminant par une liste insignifiante de noms écrits avec des points, comme si des points formaient des noms. Je le demande à toute personne sensée, réfléchie et qui désire s'instruire, comment connaîtra-t-on les hauts personnages qu'il a ainsi désignés, et qui avaient plus droit que tout autre à figurer dans son ouvrage, puisque ce sont les derniers qui ont reçu les honneurs du Charivari porté à son plus haut point d'exaltation et de perfection? C'est bien le cas de dire de son histoire ce qu'un ancien monsieur de Rome, qui faisait des vers latins, dit de tout poëme saugrenu qu'il compare à une caricature, *desinit in piscem atrum.* Oui, monsieur le docteur, votre beau chef-d'œuvre finit en queue de poisson, au lieu de se tenir ferme sur ses deux pieds, comme doit faire tout être bien constitué; et, sous ce rapport, je dis encore, sauf respect, que vous avez grand tort. Auriez-vous cru par hasard que ces bruyans concerts partant de cerveaux timbrés sont un déshonneur pour ceux qui en ont été l'objet? oh, ma foi! vous auriez encore plus grand tort. Sachez, Monsieur, que l'histoire de certains Charivaris est, comme le Martyrologe, un champ vénérable tout implanté de palmes. Oui, je le soutiens, tous ces messieurs qui

ont reçu le Charivari depuis un ou deux ans,
en sont très honorés, très honorables, et
peuvent s'en glorifier; c'est une raison pour
qu'ils soient flattés de voir leurs noms passer
à la postérité la plus reculée.

Je vais donc, avec la permission de M. le
docteur, compléter son histoire, en faisant
disparaître ses points hiéroglyphiques (car il
faudrait un Champollion-Figeac pour en de-
viner la plupart), et en ajoutant à son texte
plus de détails sur les Charivaris modernes. Je
tâcherai, autant qu'il me sera possible, d'imi-
ter son style, qui se rapproche, il faut lui
rendre cette justice, de celui de Thucydide,
de Tite-Live et de Guichardin. Avec beaucoup
de travail et d'efforts, j'y serai peut-être parvenu, de manière à ce qu'on ne s'aperçoive
pas de la soudure, qui, des deux pièces, n'en
fera presque qu'une seule. Ce sera un grand
honneur pour moi.

Au reste, je me pavane là d'une gloire

que je ne mériterai guère, car tous mes matériaux, je les prendrai dans une source
aussi pure que délicate, impartiale et véri-
dique, c'est-à-dire dans ces grandes pancartes
quotidiennes qu'on appelle *Journaux*, et mes
citations seront presque toujours textuelles,
crainte d'erreur, tant est sévère l'inflexible
Clio, qui, m'a-t-on dit, est la Muse de l'histoire, et dont le caractère sacré est si respecté
par messieurs les journalistes!

Comme il est nécessaire qu'un supplément
d'histoire commence, ainsi que l'histoire
même, par le commencement, je vais dire
d'où provient la cause des Charivaris qui ont
fait tant de bruit en l'an 1832; et, pour cela,
je dois reprendre les choses dès 1830. C'est
une bien belle histoire que le lecteur verra
sans doute avec plaisir, à moins qu'il ne bâille
ou qu'il ne dorme, deux petits inconvéniens
auxquels nous l'assujettissons plus souvent que
nous ne pensons, nous autres gens de plume;
n'importe. *Tolle et lege.*

TABLEAU

DES

CHARIVARIS MODERNES.

———◆———

Lors du grand et terrible événement de 1830, qui, à une petite exception près, a fait disparaître en trois jours l'antique dynastie deux fois restaurée, on ne songeait guère aux Charivaris ordinaires, car, grâce aux barricades, aux pavés, à la poudre à canon et aux cris de la multitude, il s'en faisait un tel à Paris, que tous

les chaudrons, casseroles, poêles, poêlons
et pincettes de la capitale, réunis et s'entre-
choquant, n'eussent pas été plus entendus
qu'une mandoline rembourrée de coton. Il
arriva donc que tout le monde, réveillé
aux cris subits de la LIBERTÉ (quand je
dis tout le monde, c'est-à-dire la partie
la plus active du monde), poussa fortement à la roue, pour pousser au-delà des
mers ceux qui depuis quinze ans avaient
repris le timon des affaires. On y réussit
promptement. Mais quand ils furent par-
tis, il fallut bien songer à mettre quelqu'un ou quelque chose à leur place : les
uns étaient pour quelqu'un, les autres
pour quelque chose. Enfin, après certains
débats, qui ont eu lieu près de la place de
Grève, et où d'aucuns furent, dit-on,
enniaisés ou dupés par de belles promesses, que le diable, tout républicain

qu'il est, n'a pas encore pu articuler, on se décida pour quelqu'un, c'est-à-dire pour un bon Roi, plus constitutionnel que les précédens, et l'on choisit un vieil ami de la liberté, qui, de père en fils, avait fait ses preuves. Bientôt fut relevé ce que Napoléon appelait quatre planches couvertes d'un tapis de velours; on en ôta la quatorzième cheville, sans doute à bonne intention, et on environna le tout de beaux drapeaux tricolores et de belles institutions populaires. Quand tout cela fut fait, chacun voulut prendre place et s'asseoir dans ce nouvel ordre de choses; mais la foule était grande et les tabourets peu nombreux. Il y eut furieusement de presse, de coups de coude, de poussades, de coups de pied, etc., car c'était à qui arriverait le premier, et le tout en vertu de l'admirable principe gravé en lettres d'or sur la porte de toute révolution : OTE-TOI DE LÀ, QUE JE M'Y METTE. Depuis le sceptre jusqu'à la houlette, et *gradatim* jusqu'à tous les échelons intermédiaires, ce grand et juste principe fut mis à exécution. A tout seigneur, tout honneur : les illustres DEUX CENT VINGT-UN de la Chambre, qui depuis long-temps avaient soutenu avec tant d'énergie les droits du peuple et la liberté, eurent à choisir ; et ceux d'entre eux qui le voulurent occupèrent, comme de raison, les premiers gradins dans l'immense salle de la monarchie régénérée. Vinrent ensuite tous les employés soldés par le gouvernement, qu'il fallut aussi régénérer. Depuis les préfets jusqu'aux garçons de bureau, depuis les procureurs généraux jusqu'aux substituts, depuis les grands receveurs des finances jusqu'au plus petit percepteur, depuis le conservateur des eaux et forêts jusqu'au garde champêtre, et enfin depuis le directeur général des postes jusqu'au facteur rural, tout ou presque tout fut sarclé. Il n'y eut que dame Thémis qu'on secoua en diable pour la faire descendre de son siége, mais grâce à la toque de M. Dupin, qui lui servit d'égide, elle tint bon. Du reste, combien de culbutes! combien de gens (assez habiles, dit-on) chassés et abasourdis du coup! combien de surgissemens de héros de juillet, de vigoureux provinciaux, âpres à la curée, comme on dit encore, et chez qui l'ardeur du patriotisme compensa ce qui leur manquait en talens! N'importe; tout cela s'est passé le mieux du monde, à part certain petit inconvénient auquel il n'a pas été si facile de remédier : c'est que pour chaque place il n'y avait guère que cinq mille pétitions,

et ladite place ne pouvant se donner qu'à
un seul, il advint que pour un heureux il
y eut quatre mille neuf cent quatre-vingt-
dix-neuf pauvres diables qui s'en retour-
nèrent l'oreille basse, la queue cuite, et le
cœur bel et bien grevé.

Mais, me dira-t-on, que signifie cet
historique? quel rapport a-t-il au Charivari? — Un instant, mon cher lecteur;
patience : je vais vous ramener à mon sujet
par la ligne la plus droite.

Voilà donc, comme je disais, bien des
cœurs grevés, bien des mécontens, tandis
que les heureux étaient fort contens. Dans
tout ce remue-ménage il y avait eu du
bruit, du tapage, auquel les contens
même (qu'on appelle, je crois, les doc....
doct..... doctrinaires) avaient pris part;

mais une fois que la plupart furent bien casés, ils sentirent la nécessité de rétablir l'ordre, la tranquillité, la soumission aux lois; et c'est très juste : quand on est bien il faut s'y tenir. Aussi commencèrent-ils à prêcher ces saintes vertus sociales, se rangeant sous un bel étendard, où l'on voyait écrit en grosses lettres : ORDRE PUBLIC, LIBERTÉ. Mais du beau diable si les mécontens prêtèrent l'oreille à ces utiles prédications; leurs bandes, quelles que soient leurs bannières, carlistes, na-poléonistes, républicains, s'entendirent comme larrons en foire pour traiter le bel étendard de guenille, pour faire la grimace au nouvel ordre de choses, et pour chercher à culbuter ceux qui avaient culbuté l'ancien. « Quoi! dirent-ils et di-« sent-ils encore, ces beaux messieurs, « tranquillement assis au banquet d'un

« joli petit budget d'un milliard et demi,
« s'imaginent qu'ils continueront à man-
« ger paisiblement leur soupe sans être
« dérangés, et que nous, nous nous con-
« tenterons de quelques os à ronger qu'il
« leur plaira de nous jeter dédaigneuse-
« ment de temps en temps ! Nous verrons
« cela. Ils ont beau se grouper dans le
« cercle étroit de leur JUSTE MILIEU, nous
« les en débusquerons par tous les moyens
« possibles, ainsi que de la salle du festin;
« puis ensuite nous tirerons à la courte
« paille à qui le champ de bataille res-
« tera. » Voilà ce que disaient ces jolis gars;
et en effet ils commencèrent à multiplier
leurs attaques à force ouverte, criant,
vociférant, pistolettant, courant comme
des diables à quatre par les rues. Mais ils
furent toujours repoussés avec perte; alors,
désespérant de pouvoir réussir à renverser

de vive force ce qui les offusque, c'est-à-dire
le pouvoir établi, ses agens et les députés
du centre, ils ont renoncé pour le moment
aux poignards, aux pistolets et aux bâtons
ferrés, et ils les ont remplacés, depuis
quelques mois, par l'arme du ridicule. Ils
n'ont rien trouvé de mieux pour exprimer
leurs bénévoles intentions à ce qu'ils appellent le bienheureux JUSTE MILIEU, que
de ressusciter en son honneur et gloire le
vieux *Charivari;* et Dieu sait s'ils s'en
sont donné à cœur joie. Les carlistes en
rient sous cape, les henriquinquistes ap-
plaudissent, les napoléonistes, divisés depuis la mort de leur petit Messie, ne sa-
vent ni que dire, ni que faire, et les
républicains, plus hardis que des pages
de cour, sont les seuls qui brandissent,
avec une vigueur et une audace incroyables, les mélodieuses batteries de cuisine

qui, depuis long-temps, ne servaient plus qu'à nous faire des fricassées de poulets et des matelottes, que l'on mangeait assez tranquillement sous la restauration, et à la barbe de M. de Polignac, quoi qu'on en dise.

Voilà comment le délicieux Charivari, rendu à la lumière, a déserté son antique domaine, où il ne s'occupait que de secondes noces et de vieilles femmes amoureuses, pour faire excursion dans le vaste champ de la politique. C'est alors que prenant le ton effronté et fortement prononcé qui convient à son nouveau rôle, il a perfectionné son art, renforcé ses instrumens, et rendu dix fois plus aigres et plus discordans les sons qu'il en tire.

Ne vous attendez pas, mon cher lecteur, que je vous donne au grand complet la liste des nouveaux exploits de ce petit drôle, qui s'est émancipé, comme je viens de vous le dire. Je me contenterai de vous rapporter parmi ses hauts faits ceux dont MM. les Journalistes ont eu la générosité de me faire part dans mon domicile, à Saint-Flour, où ils m'adressent leurs feuilles très exactement, moyennant salaire compétent. Vous pouvez compter sur la véracité de ces Messieurs; jamais un mot hasardé, calomnieux ou désobligeant, n'a souillé leur plume : c'est la bonté et la vérité même; je ne puis trop répéter un éloge aussi bien mérité.

Or voici, dans l'ordre chronologique, les principaux Charivaris et les pièces y relatives qui ont retenti dans les journaux, c'est-à-dire par toute la France, en l'an de grâce 1832, depuis le mois de mars, époque où, par parenthèse, les portes des Chambres ont été fermées aux discussions et les portes de Paris ouvertes au choléra (1); car il faut toujours au bon peuple quelque chose pour l'amuser ou le tenir en haleine. Mais ne parlons que des Charivaris.

Le premier dont il est question dans les feuilles publiques, datées du 18 mars (1832), est celui dont on a gratifié M. Rou-

---

(1) Il est bien vrai, monsieur l'auteur, que le choléra s'est manifesté le 26 mars (1832) à Paris, mais il est faux que la session des Chambres ait fini dans ce mois ; l'ordonnance de clôture est du 21 avril. Nous convenons que beaucoup de députés, effrayés du choléra, avaient quitté leur chaise curule long-temps auparavant : n'importe, quand on écrit l'histoire, il faut être vrai.

main de la Rallaye ; et l'on dit à ce sujet :
« M. Poignan, procureur du Roi à Rennes,
a donné sa démission ; la scène du Charivari donné à M. Roumain de la Rallaye a
été la cause déterminante de cette déci-
sion. » Nous n'avons aucun autre rensei-
gnement sur cet événement.

Nous trouvons sous la date du 28 mars,
dans un journal : «Cinq habitans d'Arras,
traduits en simple police comme auteurs
du Charivari donné au baron de Talleyrand, préfet du Pas-de-Calais, ont été
condamnés, l'un, à deux jours de prison
et 12 fr. d'amende, les quatre autres à
11 fr. sans prison. Ils sont résolus à inter-
jeter appel de ce jugement. Ce procès a
donné lieu pendant trois jours à quelques
rassemblemens où l'on manifestait la résolution de gratifier le préfet d'un nouveau

Charivari, à l'occasion de la croix de commandeur de la Légion-d'Honneur qu'il venait de recevoir; mais un certain déploiement de forces a empêché la congratulation charivarique. M. de Talleyrand en a été quitte pour des huées et des coups de sifflet qui partaient de tous les groupes. » Les condamnés ont en effet interjeté appel.

« Le 18 avril, M. Roul, député, est arrivé de Bordeaux; à peine lui a-t-on laissé le temps de respirer. Un Charivari a été organisé à la hâte, et sur les onze heures du soir, de discordantes symphonies ont été exécutées sous ses croisées *(Sic transit gloria mundi)*; on y a ajouté la *Parisienne* et des couplets de circonstance. » (*Voyez* Journaux du 25 avril).

« Le 20 avril, M. Amilhau, député, à

son arrivée à Toulouse, a été accueilli par un bruyant Charivari. Si l'on en croit le *Journal de la Haute-Garonne*, il s'est échappé du milieu des rassemblemens qui gratifiaient M. Amilhau de cette courtoisie, des cris *à bas Louis-Philippe! vive la république!* Après les sommations légales, l'autorité a dissipé les attroupemens, et plusieurs individus ont été arrêtés malgré leur résistance. » « Pendant ces entrefaites on donnait une sérénade à grand orchestre à M. Pagès, autre député, mais de l'opposition. »

« De nouveaux troubles ont eu lieu à Toulouse dans la soirée du 1er mai. Des attroupemens s'étant portés vers le domicile de M. Amilhau, les autorités se rendirent sur les lieux, avec un fort détachement de la garde nationale à pied et à cheval et de troupes de ligne. La garde nationale a été plusieurs fois insultée et même menacée par les groupes qui avaient commencé leur Charivari. Enfin, après les sommations légales, la foule a été dispersée et repoussée par la cavalerie dans les rues voisines de la place d'Orléans. Une vingtaine d'individus ont été arrêtés. Le lendemain soir, de fortes patrouilles ont parcouru les divers quartiers de la ville, mais il n'y a eu aucun rassemblement. »

Le même M. Amilhau, arrivé le 25 juillet à Pamiers, en revenant des bains d'Ussat, a encore eu les honneurs du Charivari; à son passage à Tarascon il avait déjà reçu un pareil hommage.

L'une des aventures charivaristiques les plus solennelles, est celle qui est arrivée par duplicata à M. Thiers, à Aix et à Marseille. La haute réputation de ce célèbre historiographe et diplomate profond est sans doute la cause de tout le caquetage des journaux à cet égard. Il faut avouer que dans le compte que ces journaux ont rendu de ces tristes ovations, la modération et la justice ne sont pas le côté le plus fort; et, en cela, je prends encore la liberté grande de les blâmer. Mais qu'y faire? Au reste on est maintenant cuirassé contre toutes les gentillesses de ces Messieurs, et l'on foule *æquo pede* leurs complimens et leurs injures; on peut donc en parler comme d'une tapisserie du temps du roi Dagobert. Voici celle où sont esquissés les voyages de M. Thiers; je n'ai pas besoin de dire que ce n'est point par une plume impartiale.

« Il y a des idées néfastes comme des

jours néfastes. M. Thiers vient d'en faire l'expérience; et certes aujourd'hui il doit maudire l'idée qu'il a eue de voyager même pour sa santé. Un homme comme M. Thiers devrait-il avoir besoin de se reposer en voyageant? Or apprenez de quelle manière on l'accueillit à Aix, sa ville natale. C'est le 24 avril qu'il y arriva le soir; on avait appris seulement le matin son départ de Paris; mais il ne fallait pas de grands préparatifs pour le fêter. Les solliciteurs ou les béats du juste-milieu coururent aussitôt lui offrir leurs complimens et lui remettre des placets. M. Thiers, que le *Sémaphore de Marseille* appelle l'Atlas lilliputien du ministère, avait assez de force pour tout recevoir, et l'encens que l'on brûlait ne lui donnait pas de vertige. Mais tout à coup son ivresse est troublée,

« A Aix, des hommes du peuple se portant avec une certaine pompe vers le logement de M. Thiers, l'ont complimenté à leur façon en termes assez énergiques. *A bas le patriote apostat!* s'écriaient-ils, *à bas l'écrivain vendu, l'orateur acheté!* Puis on faisait carillonner des sonnettes de mulets, résonner des cornets à bouquin, et l'on frappait sur des ustensiles de cuisine. Au milieu de ces clameurs et de ces discordantes symphonies, la voix du commissaire de police avait peine à se faire entendre. Il a fallu l'intervention de la troupe de ligne pour dissiper les acteurs de ce malencontreux Charivari, qui n'en a pas eu moins d'effet. »

Un autre journaliste a résumé en peu de mots la fin du séjour de ce célèbre député à Aix et son arrivée à Marseille.

« Grâces aux précautions militaires prises à Aix, dit-il, M. Thiers n'a point entendu la seconde partie du concert qui lui était destiné. Cependant il n'a pas cru devoir prolonger son séjour dans cette ville, et il est arrivé le 26 à Marseille, où son incognito ne l'a pas protégé long-temps contre de semblables manifesta-tions. A peine eut-on appris son arrivée que la foule parcourut les rues en criant : *A bas Thiers! à bas le traître à M. La-fitte! à bas le Séide du juste-milieu!* (1) La force armée s'est montrée; les somma-tions ont été faites; mais à minuit les rues

____

(1) Quelles plates injures! Dans le même temps qu'elles se débitaient, un journal de Toulouse (du 27 avril) nous révélait un fait assez curieux : c'est que les sérénades données aux députés des provinces sont commandées comme un service de garde nationale.

étaient encore occupées par la gendarmerie, la troupe de ligne et les groupes. » (Journaux du 3 mai.)

Le *Constitutionnel* dit « qu'une protestation contre le Charivari donné à M. Thiers, Charivari que l'on signale comme une atteinte à la liberté des votes, a été rédigée et couverte de deux cents signatures, parmi lesquelles on remarque celles de presque tous les membres du Conseil municipal et d'un grand nombre d'électeurs.»

Une autre feuille du 11 mai prétend que « M. Thiers a recueilli une nouvelle ovation burlesque et bruyante. Grâces à la vitesse de ses chevaux, il avait trompé la reconnaissance des patriotes de Roquevaire. Mais à Brignolles, le Charivari lui a été donné *in extenso*; la sous-préfecture

ne lui a offert qu'une bien faible compensation. »

Je ne sais quel poète, ou gascon ou nor-
mand, ou ni l'un ni l'autre, s'est avisé
de se rappeler qu'il avait jadis appris par
cœur sur les bancs, une belle tirade d'un
certain Théramène racontant à un certain
Thésée la déplorable catastrophe d'un certain Hippolyte son fils. Ne voilà-t-il pas ce
maudit poète qui, s'affublant du manteau
de Théramène, métamorphose M. Thiers
en Hippolyte, et fait part au public, dans
les mêmes vers à peu près, de tout ce qui
est arrivé ou n'est pas arrivé à M. Thiers
à Marseille; écoutez-le :

« A peine nous touchions aux portes de Marseille,
Il était sur son char. Un postillon crotté
Menait, sans le savoir, l'illustre député.
Il digérait en paix le dîner de la veille.....
Un effroyable bruit de pelles, de chaudrons

A soudain retenti dans tous les environs;
Et bientôt en *chorus*, pincettes, lèchefrites,
Mêlent leurs sons aigus à celui des marmites.
Jusqu'au fond de nos cœurs notre sang s'est glacé;
Des coursiers attentifs le crin s'est hérissé.
Cependant des maisons de toute la grand'rüe
S'élance en frémissant la multitude émue :
On dirait une mer dont les flots en fureur
Au pâle nautonnier inspirent la terreur;
Déjà sur tous les fronts et sur chaque visage
Se peignent tour à tour et l'insulte et la rage;
De toutes parts des voix ont répété le cri :
Courage, mes amis, allons, Charivari!
Et chacun de brandir l'arme retentissante :
Les moineaux sur les toits en sont dans l'épouvante;
La terre s'en émeut, l'air en est agité;
Persil, le grand Persil lui-même en eût tremblé!
Quelques uns, sans s'armer d'un courage inutile,
Dans le quartier voisin cherchent un sûr asile.
Mais notre député ne sait pas reculer.
Il affronte le peuple, il veut le haranguer :
Mes chers amis, dit-il, d'où vient cette furie?
Ne suis-je pas celui qui sauve la patrie?
Qui, par mes beaux discours...—Non, nous n'en voulons pas
De tes discours... *à bas, à bas, à bas!*
Tout aussitôt chenets, garde-cendres, vaisselle,

S'agitent de nouveau, résonnent de plus belle.

On dit qu'on a vu même (au moins le bruit en court),

Qu'on a vu dans la foule un autre Gassicourt,

Contre son plat bassin heurtant une seringue,

Faire un bruit plus affreux qu'on ne fait au bastringue.

A cet aspect surtout, effrayés, haletans,

Les chevaux éperdus prennent le mors aux dents;

A travers la cité la frayeur les emporte :

L'essieu crie et se rompt; et non loin de la porte

D'un cuisinier du lieu (notez bien ce point-ci)

L'honorable orateur tombe blessé, meurtri.

Pardonnez ma douleur; cette image cruelle

Sera pour moi de pleurs une source éternelle.

J'ai vu, de mes yeux vu, l'éloquent député

Honni, berné, sifflé, bafoué, dépité.

On rit de son malheur, on le couvre de boue;

Jusqu'au moindre marmot, chacun de lui se joue.

Enfin il m'aperçoit, et, me tendant la main,

Il m'offre un louis d'or qu'il retire soudain.

« Ami, dit-il, pardon, j'allais te faire injure

En t'offrant de l'argent; mais ne pourrais-tu pas

Me tirer au plus tôt d'un aussi mauvais pas?

Oh! si tu m'en tirais! ami, je te le jure,

Quand reviendra le jour de voter le budget,

De ta part, j'en suis sûr, tu seras satisfait. »

Qui pourrait résister à si noble promesse?

Je lui prête mon-bras : tous deux, fendant la presse,
Non pas sans essuyer plus d'un discours malin,
Je parviens avec lui jusqu'à l'hôtel voisin ;
Et là je le confie aux bons soins de l'hôtesse.
Puisse-t-il obtenir qu'un bienfaisant repos
Remette en bon état et sa tête et ses os. »

(Journaux du 7 mai.)

On avouera que cette triste parodie gagne en malice tout ce qui lui manque en talent poétique. Mais si dans la société actuelle, scindée en trois couleurs comme le drapeau national, on a malheureusement des ennemis, il faut dire aussi que, d'après l'admirable système de compensation si habilement établi par M. Azaïs et par la Providence, on a heureusement des amis, *quod sic probo.*

M. Viennet, poète, et député de Béziers, indigné de tant de disgrâces qui ont poursuivi son ami M. Thiers, soit à pied, soit dans les hôtels, soit en chaise de poste, lui a adressé une épître fort bien faite, sur laquelle quelques ostrogoths de journaux passionnés, mécontens, hargneux, se sont ainsi exprimés :

« M. Viennet a, pour toutes les conditions, des vers consolateurs. On se rappelle ses épîtres aux *Chiffonniers* et aux *Mules de Portugal*, morceaux non moins précieux que sa *Philippide*. Aujourd'hui cet honorable académicien adresse une épître à M. Thiers, qui, poursuivi par d'importuns Charivaris, en esquive un en fuyant dans une barque légère, pour en rencontrer un autre plus bruyant, plus solennel, plus large, comme dirait un romantique. Bref, M. Viennet offre des consolations à son collègue, consolations d'une rare énergie, ou plutôt véritables protestations contre ces témoignages de l'opinion publique (1), mises naguère en honneur par le parti même de ces messieurs. Sans le prévoir, ils auront travaillé contre eux-mêmes; c'est justice peut-être. Il est curieux de voir M. Viennet, frémissant de peur au prélude du Charivari qu'on lui préparait à Béziers, flétrir cette irrévérence du peuple qui oublie les services de ses *représentans*. Comme tous les écrivains du juste-milieu, le député-poète a de la haine pour les opinions qui ne sont pas les siennes, et il les exprime en vers dignes,

---

(1) Je doute grandement que l'on soit d'accord avec sa conscience et la vérité, quand on avance que les Charivaris, par le temps qui court, représentent l'opinion publique : ils ne la représentent pas plus qu'un poil du bout de la queue de mon chien ne représente son corps entier.

par leur harmonie, d'être pris pour un
écho de ces honimages populaires dont il
veut venger son brave ami. » Voici ces vers :

« L'émeute a donc sur toi porté sa griffe impure,
Et du Charivari la glorieuse injure
Vient enfin, brave Thiers, d'accueillir ton retour
Dans la noble cité qui te donna le jour !
C'est ainsi que partout nous suivant de sa haine,
L'Anarchie aux abois contre nous se déchaîne ;
Et foulant à ses pieds nos droits, nos libertés,
Venge sur nos tympans ses complots avortés....
On dit que dans Béziers, dressant ses batteries,
Elle avait, pour m'offrir son concert radical,
Des cuisines déjà disposé l'arsenal.
Amis, d'un front serein contemplons cet orage.....
Eh quoi! d'où part ce bruit pour qu'on daigne en rougir?
Quel est donc ce parti qui prétend nous régir,
Qui dans l'ombre et la boue assemblant ses comices,
De son règne de sang nous donne les prémices?
Quels citoyens enfin, par les clubs ameutés,
De leurs déportemens fatiguent les cités?
Des enfans aux pieds nus, des Phrynés de guinguette,
Des vagabonds traînés de sellette en sellette,

Des libertins oisifs, tribuns d'estaminet,
Des mutins qui vingt fois retournent leur bonnet,
A tous les factieux ont vendu leurs délires,
Et servi quarante ans d'aboyeurs et de sbires ;
Des intrigans obscurs, d'effrontés délateurs,
Qui, de tous les emplois ardens solliciteurs,
N'ont pu depuis deux ans, malgré nos apostilles,
Des débris du budget enrichir leurs familles !

« Voilà ce qu'un journal, patron des Bousingots,
Ose nommer le peuple et prend pour ses héros !
C'est par des hurlemens et des vitres cassées,
Des cornets à bouquin, des portes enfoncées,
Des poêles, des chaudrons volés aux cabarets,
Que ces hommes d'état nous dictent leurs arrêts ;
Et l'orateur des clubs, dans son jargon comique,
Les pare du grand nom d'opinion publique.
Ce n'est point là ce peuple, éclairé sur ses droits,
Qui surgit tout armé pour défendre nos lois.....
Ce peuple ne va point mentir à sa victoire,
Aux gages de l'émeute encanailler sa gloire.....
Quand il voit par ses yeux, qu'il juge par lui-même,
J'admire sa raison, sa justice suprême.
Mais comme tous les rois il a ses courtisans ;
Mais comme tous les dieux il a ses charlatans.

On trompe son amour, on égare sa haine ;
Contre ses intérêts on le pousse, on l'entraîne.
On l'a vu trop souvent, dans ses vœux incertains,
Persécuter le soir le héros du matin,
Proscrire la vertu, déifier le crime :
Marat fut son idole et Bailly sa victime.
L'histoire à chaque page atteste ses erreurs
Et sa crédulité, source de ses malheurs. »

Certes, on ne peut pas disconvenir quoi qu'en puissent dire messieurs les Charivariseurs et leurs adhérens, qu'il y a dans cette pièce, du moins dans ce passage, des vers fort bien faits, et d'autres, qui, comme ceux de feu Piis, dans son poëme sur l'a, b, c, sont d'une harmonie imitative. Cependant, certains esprits de travers se sont permis de lancer quelques épigrammes contre ces vers assez énergiques ; par exemple, l'un a prétendu que M. Thiers, en recevant cette épître de

M. Viennet, y aurait répondu sur-le-champ par cette boutade :

> Quoi ! partout des Charivaris
> Viendront me déchirer l'oreille !
> Les sifflets du peuple à Marseille,
> Les vers de Viennet à Paris ! »

Cela n'est pas présumable; qu'en dites-vous, mon cher lecteur ? Un autre, moins poète, mais aussi impartial, a dit :

> Il ne manque plus rien à l'aubade civique
> Dont en province on a régalé Thiers,
> Puisque Viennet vient de racler des vers
> Avec son archet prosaïque.

Puisqu'il est question de prose, ajoutons qu'un autre critique, qui parcourt périodiquement l'océan politique en vrai forban, a encore lâché contre notre poète le petit brûlot suivant : « M. Viennet, c'est « le Charivari fait homme, le chaudron « incarné. » Tout cela n'est que faribole;

et si nous rapportons ces mauvaises plaisanteries, c'est pour montrer à quel degré de pauvreté et d'aveuglement nous ont fait descendre toutes les passions déchaînées que l'esprit de parti met en jeu. Ce jeu est un vrai colin-maillard : M. Thiers y a été pris, d'autres l'avaient été avant lui, d'autres l'ont été depuis ; suivons-les à la piste.

Que dirons-nous de l'accueil qu'a reçu, en avril, à Colmar, M. André, du Haut-Rhin, député ? Le concert dont il a été l'objet, quoique bruyant, est bien pâle (en célébrité) auprès de ceux dont nous ve- de parler.

Cependant une lettre de Colmar rapporte que « Tandis que les donneurs de Charivari se livraient sous les fenêtres de

l'honorable M. André à leur bruyante injure, M. Aubry, juge au tribunal d'Altkirch,
indigné d'une insulte aussi peu méritée, et
vraiment attentatoire à la tranquillité publique, essaya de faire d'énergiques représentations à cette tourbe insolente. Il
fut aussitôt accueilli par des cris et des
huées, et bientôt, victime de voies de fait,
il tomba sous les coups de quelques misé-
rables qui le laissèrent pour mort sur la
place. Cette atroce conduite a excité l'indignation générale. Le fils de M. André,
brigadier au 10ᵉ de chasseurs, partageant
cet indignation, s'est battu deux fois en
duel.

« La sensation pénible qu'ont produite
ces tristes événemens s'est propagée dans
tout le pays et a pénétré dans toutes les
classes. On annonça en effet que l'on se

proposait de donner un Charivari à l'honorable M. Saglio; mais que des ouvriers, rendant hommage à son caractère, se sont armés de bâtons et ont manifesté hautement l'intention de s'y opposer. Cette noble et vigoureuse conduite a rappelé à messieurs les Charivariseurs que la force et le nombre n'étaient pas toujours de leur côté. »

« M. Jars était encore à Paris, lorsque des individus se sont avisés d'aller exécuter un Charivari sous les fenêtres de sa maison, à Lyon. Trois d'entre eux ont été arrêtés. On dit que, fâchés de cette déconvenue, les donneurs de Charivari voulaient se porter à Ecully, où demeure la mère de M. Jars, pour lui offrir une de ces discordantes congratulations : ce serait déshonorer à jamais les Charivaris.

« Mais pourtant, M. Jars ne l'a point échappé. Arrivé à Lyon le 1er mai, il a été salué par le concert à la mode. Aux sons aigus des poêles, chaudrons, marmites et autres instrumens usités en pareilles circonstances, se joignaient de nombreux coups de sifflet, des cris : *A bas la poire!* etc. Quelques personnes prétendent même que des paroles plus séditieuses se sont fait entendre. De fortes patrouilles sont venues interrompre le cours de ce joyeux concert, mais les artistes en se retirant se sont donné rendez-vous pour le lendemain. Des précautions de la part de la police ont empêché cette seconde représentation. »

Une lettre d'Angers porte que « Le 2 mai au soir, dans cette ville, où naguère retentissaient les cris si flatteurs : *Vivent*

nos députés! Vivent les amis du peuple!
M. Augustin Giraud a eu le déplaisir d'entendre sous ses fenêtres le discordant concert des plus aigres instrumens. Après avoir donné à l'objet de leurs délicates attentions, ce petit témoignage de reconnaissance, messieurs les musiciens se sont séparés, les uns en chantant la *Marseillaise,* les autres en criant : *A bas Giraud! A bas le ventru! A bas le marchand de toile! A bas le fournisseur de pantalons!* » Voilà en vérité des cris bien dignes de ceux qui les profèrent.

On lit dans les journaux du 29 mai, que le tribunal de simple police d'Angers a acquitté les individus qui avaient donné le Charivari à M. Augustin Giraud.

« Depuis long-temps, disent les journaux du mois de mai, le maire du Bourg-d'Ault (Somme) se promettait d'aller à la messe pour y chanter au lutrin. Le dimanche 29 avril, il exécuta son projet, et au moment où les chantres entonnaient *Domine, salvum*, le fonctionnaire arriva près d'eux et cria à trois reprises : *nostrum Philippum.* Cela eût été fort indifférent aux habitans, si, le soir même, cinq à six vauriens ne se fussent avisés d'aller faire un Charivari au curé et à plusieurs habitans accusés de ne pas partager les opinions de ces turbulens. La tranquillité publique fut troublée jusqu'à minuit. Les jours suivans il y eut de plus grands désordres ; le 6 et le 13 mai, de nouvelles réunions de jeunes gens causèrent beaucoup de troubles et surtout le plus grand scandale à l'église. Enfin le maire lui-même fut obligé de prendre un arrêté pour mettre un terme à ces criminelles manœuvres ; mais on dit que cet arrêté était bien éloigné de répondre à l'attente des habitans paisibles. »

« Le 5 mai au soir, à Caen, jour où avait été acquitté par le tribunal de police correctionnelle un sieur Botté, décoré de juillet, qui avait troublé le service divin dans l'église de Saint-Pierre, une bande de cent cinquante individus, qui le promenaient en triomphe, donnèrent un Charivari à M. le curé de cette paroisse. »

M. Parant, député, a été charivarisé à Metz dans les commencemens du mois de mai. Je n'ai d'autres détails sur cette première ovation que ceux qui sont renfermés dans une lettre adressée au *Courrier de la*

Moselle par le héros de la fête. M. Parant y raconte longuement son martyre « qu'il n'avait pas, dit-il, mérité, puisqu'il a gardé l'indépendance de son vote à l'égard du ministère ; qu'il a été l'admirateur des Polonais, etc. L'honorable député relève quelques assertions erronées du journaliste de Metz, et ajoute que les gens à sinistre figure qui l'ont sifflé, ont ensuite dansé en chantant le refrain de la *Carmagnole* : *Ça ira ! à la lanterne ! on les pendra !* et que le lendemain l'un de ces honnêtes patriotes donna le doux conseil de mettre le feu à sa maison. M. Parant termine ainsi sa lettre : « J'ai foi en l'avenir, et j'espère que nous obtiendrons ce qui est utile et juste, pourvu que nous ne courions pas de manière à nous rompre le cou, chemin faisant. »

Deux citoyens de Metz, qui avaient été

arrêtés à l'occasion de ce Charivari, ont comparu devant le tribunal de police correctionnelle de Metz le 18 mai, et ont été acquittés.

M. Parant a essuyé un second Charivari à Bourges : « Le 28 mai, mande-t-on de cette ville, à onze heures du soir, quelques *patriotes*, comme ils se nomment, et quelques figures sinistres, se sont réunis sous les fenêtres de M. Parant, procureur général, député de la Moselle, déjà charivarisé à Metz, et ont commencé un concert de chaudrons et de cornets à bouquin. Mais ces grotesques musiciens ont bientôt abandonné la partie, et se sont retirés assez honteux, dit-on, de leur *patriotique* tentative. »

Nous voyons, dans un journal du 4 juin,

qu'un Charivari a eu également lieu à Bourges, sous les fenêtres de M. Devaux, député. Ensuite le *Nouvelliste* annonce que MM. Parant et Devaux ont déposé une plainte au parquet du procureur du Roi contre les auteurs et acteurs du Charivari dont on les a honorés à Bourges. Cette plainte a porté son fruit, car les sieurs Couturier, Rochoux, Saulé et Vanve ont comparu, le 17 juin, devant le tribunal de police correctionnelle de Bourges, et ont été condamnés, savoir, MM. Vanve et Saulé, à 15 jours de prison et 100 francs d'amende, et les deux autres à 20 jours de prison et 100 fr. d'amende.

Le *Figaro*, l'un de ces petits journaux destinés à lancer sur l'horizon politique des flammèches de toutes couleurs, tantôt vives, tantôt pâles, disait, au mois de mai :

« Tous les chaudronniers de France aident
la société *Aide-toi, le ciel t'aidera.* » Puis
après : « Cette société va définitivement
changer son nom contre celui de *Aide-toi,
le chaudron t'aidera.* »

L'épée n'est pas plus à l'abri que la
toge des honneurs bruyans du Charivari ;
M. le général Harispe l'a éprouvé à Bayonne, dans les premiers jours de mai. Les
journaux nous ont raconté que « par suite
de ce burlesque concert, un duel a eu lieu
entre M. Duthey, neveu du général, et
M. Boyaux, rédacteur de *La Citadelle de
Bayonne.* Six coups de pistolet ont été
échangés à vingt pas, mais sans résultat
fâcheux. » C'est fort heureux.

Un journal du 27 mai annonce que le
tribunal de simple police de Bayonne a

renvoyé de la plainte les quatre prévenus dans l'affaire du Charivari en question.

Une autre feuille (du 8 juin) dit que « Le tribunal correctionnel de Bayonne a condamné le 1er juin plusieurs charivari-seurs, et notamment le nommé Lepage, à deux ans d'emprisonnement. Puis, on apprend d'une autre source qu'après avoir entendu prononcer le jugement, la foule s'est précipitée dans l'enceinte du tribunal, a enlevé de vive force les prisonniers, et ne s'est retirée qu'après le départ des juges. »

« Le 2 juin, d'autres désordres ont eu lieu à Bayonne, à l'occasion du Charivari donné à quelques juges du tribunal. Des sommations ont été faites, et les rassemblemens se sont dispersés sans qu'il soit arrivé d'accident. »

Postérieurement, un journal du 20 juin porte que « Sur les seize individus prévenus d'avoir pris part au Charivari donné à Bayonne au président du tribunal, douze ont été condamnés à un mois de prison, un à deux mois, et trois ont été acquittés. Le jugement a été écouté avec respect par l'auditoire nombreux qui assistait à l'audience. »

Une lettre de Clermont-Ferrand, du 11 mai, porte ce qui suit : « De mémoire d'homme, Charivari politique ne s'était vu à Clermont. Là, comme en beaucoup d'autres localités, on subissait et on payait sans mot dire les sottises et les bévues législatives de tous les temps. Il était réservé à l'honorable général Simmer de faire exception à cette tolérance séculaire. Hier, sur les huit heures et demie du soir, un orchestre nombreux et d'un genre nouveau est venu s'établir sous les fenêtres de l'honorable député. Un concert bruyant de cornets, de grelots, de claquemens de fouet, etc., avec accompagnement des cris : *A bas le juste-milieu! A bas le député ministériel! A bas le mangeur de budget!* et d'autres semblables complimens, s'est fait aussitôt entendre et a rempli les airs de ses aigres et perçantes fanfares. L'intervention de la troupe de ligne n'a pas tardé à dissiper les musiciens. »

Le *Patriote de juillet* a publié une lettre de Carcassonne du 16 mai, qui annonce que M. Dejean, préfet de l'Aude, étant en partie de campagne dans la commune de Lascours, les habitans de ce pays lui ont donné un Charivari des plus discordans. M. Dejean, ainsi que les dames qui l'accompagnaient, et qui étaient montées sur des ânes, ont pris la fuite pour échapper à la grotesque ovation ; et M. le préfet s'est enfermé dans le château de Lascours. Mais comme il avait craint de recevoir un second Charivari à son retour à Carcassonne, il avait ordonné un déploiement de forces. Les chevaux des chasseurs du 6e étaient sellés, le poste de la Préfecture doublé, le jardin hérissé de sentinelles, les patrouilles en mouvement. Il n'est arrivé que fort avant dans la nuit à Carcassonne. »

A Issoudun, la jeunesse avait projeté de donner un Charivari à M. Thabaud de Linetière, qu'elle appelle un *Spartiate du juste-milieu;* mais elle s'est trahie par l'étourderie de son plan, et l'autorité, informée du projet, s'est mise en mesure d'empêcher la burlesque sérénade. La

garde fut doublée, des patrouilles sillon-
nèrent les rues de la ville, et force fut à
l'orchestre improvisé d'ajourner l'exécution de son œuvre musicale.

« Le 16 mai, M. Dupont-Minoret, député de la Vienne, venait d'arriver à Poitiers; aussitôt cent cinquante jeunes gens
armés de sifflets, cornes, chaudrons, poêles, pincettes, ont exécuté sous ses fenêtres
leur œuvre grotesquement musicale. La
cloche de Notre-Dame sonnant le couvre-
feu a donné le signal. A la barbare harmonie de ce concert se mêlèrent les cris non
moins flatteurs : *A bas Dupont-Minoret!
A bas la seringue!* Puis les cris obligés de
Vive la république! A bas les carlistes!
Quelques détachemens de troupe étant
intervenus avec un commissaire de police,
le rassemblement s'est dissipé. Mais le len-

demain il a pris sa revanche en donnant, en toute liberté, un nouveau Charivari à M. Dupont-Minoret. »

Vers le même temps courut une chanson sur le Charivari (air de *la Parisienne*). Nous nous contenterons d'en rapporter cet échantillon :

> Députés de la résistance,
> Tout rend hommage à vos travaux :
> . Du nord au midi de la France,
> Quel heureux concert de bravos!
> Honneur au courage civique !
> Écoutez le sacré cantique :
> Accourons, hurlons,
> Charivarisons ;
> Résonnez, poêlons, marmites et chaudrons,
> Populaire musique.

« Le 19 mai au soir, quelques jeunes gens de Châlons-sur-Saône ont donné un Charivari à M. Moine, procureur général à la Cour royale de Grenoble, qui venait d'arriver dans leur ville, sa patrie. On criait : *A bas le procureur général qui a préféré une place à la qualité de simple citoyen!* » M. Moine n'y a pas perdu.

On mande, du 25 mai, qu'au Blanc (Indre) les charivariseurs, ces amis de la paix, de la tranquillité, du bon ordre et du gouvernement, ont donné un plat de leur métier à M. Bernard, nouvellement nommé président du tribunal civil, et à M. Godin, également nouveau procureur du Roi. Les amis et parens ont fait la contre-partie en plantant devant sa porte un mai, c'est-à-dire un arbre de la Liberté.

« Le 21 mai, à Limoges, un Charivari a été donné à M. Philibert Aventurier, député de la Haute-Vienne, qui, malgré ses promesses formelles, s'est montré dévoué au ministère du 13 mars. »

« Le même jour, 21 mai, M. Coquebert, payeur du Morbihan, a reçu (à Vannes) un Charivari à cause de la destitution de M. Morerette, chef de la comptabilité depuis trente-six ans. »

Dans une feuille publique du 12 juin se trouve un article très court qui renferme une complication de Charivaris que nous donnons telle qu'elle nous la présente : « Une lettre d'Alby (Tarn), insérée dans *le Patriote de juillet*, journal de Toulouse, annonce que des Charivaris ont été donnés à Alby, le 1ᵉʳ juin, à MM. Falguerolles et Bermont, députés ministériels. M. Bermont a quitté la ville le lendemain ; mais M. Falguerolles, resté à son poste, a reçu une seconde édition du Charivari de la veille. A Tarbes, M. Dintrans, député ministériel, a été l'objet d'une semblable démonstration. A Colmar, un Charivari a été aussi donné à M. le baron Mayer de Schanersi, commandant le Haut-Rhin, parent de M. Hartmann, déjà charivarisé lui-même. »

On écrit de Carcassonne que M. Mahul, arrivé le 18 mai dans cette ville, n'a pu éviter les honneurs de l'ovation grotesque du Charivari. Celui qui était destiné à cet honorable député a été remarquable par sa solennité. Les membres de l'orchestre répétaient une chanson où se trouvent les paroles qui ont donné une sorte de célébrité à cet organe du juste-milieu. En voici le refrain :

Du ministère

C'est le compère,

Les os des os et la chair de la chair.

Qu'une musique

Diabolique

Lui prouve au moins combien il nous est cher.

Et la partie instrumentale, composée de chaudrons et autres instrumens aussi harmonieux, de redoubler d'efforts, et de tenir même plus que ne promettait la chanson. L'autorité a mis quelques soldats sur pied ; mais les sifflets et les huées n'en ont pas moins continué, sans aucun autre désordre. A dix heures du soir, les acteurs de cette fête bruyante s'étaient dissipés, et le héros se remettait de l'étourdissement qu'il avait éprouvé. » (1)

---

(1) Dans un journal du 31 mai, on lit une autre version, dont les détails seraient plus sérieux : « Des lettres de Carcassonne, dit *la France méridionale*, annoncent qu'il y a eu dans cette ville de bruyans désordres. Dès que l'arrivée de M. Mahul a été connue, toutes les mesures ont été prises pour lui donner un Charivari. L'autorité l'ayant prévenu, les vitres de la maison de M. Mahul ont été cassées à coups de pierres, et la multitude se portant

Nous trouvons, dans un journal du 29 mai, que M. Mahul avait reçu à Carcas-

---

à l'improviste sur la Préfecture y a pénétré de vive force. Elle a, dit-on, marqué son passage par quelques dégâts. Enfin les rassemblemens ont été dispersés par la force armée, et depuis ce moment la cavalerie fait de fréquentes patrouilles. »

Par suite de cet événement, sept des jeunes charivariseurs avaient été cités devant le tribunal correctionnel de Carcassonne, qui les avait condamnés, savoir, quatre à trois jours d'emprisonnement et 11 francs d'amende ; et trois à quinze jours de prison et 100 francs d'amende, comme coupables d'avoir donné, dans la soirée du 18 mai, un Charivari à M. Mahul, député de l'Aude, et injurié M. Dejean, préfet du département.

Ces sept jeunes gens en ont appelé à la Cour royale de Montpellier. Cette Cour, chambre des appels correctionnels, a considéré qu'il ne s'élevait pas de charges suffisantes contre les prévenus, et les a en conséquence tous déchargés des condamnations prononcées par le tribunal de Carcassonne.

sonne un troisième Charivari; mais il n'est parvenu aucun détail ni sur le second Charivari, ni sur ce troisième, ce qui laisse des doutes sur la véracité de cette assertion.

Une autre feuille du 14 juin, nous annonce que « A la suite d'une sérénade donnée à Carcassonne à M. Podenas, député très renommé, un nouveau Charivari a encore été donné à M. le vicomte Dejean, préfet de l'Aude. Plus tard, lorsqu'il passait dans la rue, la multitude l'a poursuivi de ses huées et du refrain de la chanson faite pour M. Mahul. »

L'épidémie charivarique semble s'étendre et multiplier ses conquêtes dans différentes villes, avec la même rapidité que son compère le choléra. Ne voilà-t-il pas qu'Orthez est aussi envahi par les miasmes du Charivari. M. de Saint-Cricq, arrivé dans cette ville le 19 mai, en a été atteint de la manière la plus bruyante, et ce premier accès a duré jusqu'à dix heures du soir. M. le maire et le premier adjoint sont intervenus pour calmer l'attaque, mais sans succès. On prétend même que l'adjoint a reçu un soufflet et perdu son chapeau dans la mêlée : ce qui est fort désagréable. Le lendemain l'autorité municipale a publié un arrêté contre les attroupemens, mais un nouveau Charivari n'en a pas moins été donné à M. de Saint-Cricq. Le sous-préfet de Castelnaudary a, dit-on, été gratifié d'une semblable ovation. On ajoute que les patriotes d'Orthez réservaient un troisième Charivari à M. de Saint-Cricq ; mais il l'a évité en laissant là un dîner auquel le sous-préfet l'avait invité.

Jusqu'ici nous n'avons vu aucun de messieurs les charivarisés prendre sur eux d'allocutionner (passez-moi ce terme) la tourbe charivarisante, et de lui dire son fait; c'est au général Bugeaud, député, qu'appartenait l'honneur de donner ce courageux exemple.

« Dans la soirée du 25 mai, une quarantaine de jeunes gens de Périgueux essayèrent de lui donner un Charivari. Loin de s'intimider du bruyant prélude de leur musique discordante, l'honorable député sortit, et se mêlant parmi ces étranges musiciens, demanda au nom de la liberté d'être entendu. Soldat à seize ans, le général Bugeaud leur rappela ses services militaires jusqu'en 1815, époque où il fut licencié; ceux qu'il rendit pendant quinze ans à l'agriculture par ses conseils et ses propres travaux, et enfin ce qu'il fit à la

Chambre des Députés, où il combattit l'anarchie et cette monomanie belliqueuse qui s'était emparée de certains esprits. Le général Bugeaud termina ainsi sa harangue :

« D'après tout cela, il est évident qu'un
« patriote comme moi doit être charivarisé
« par des patriotes comme vous et ceux
« qui vous envoient. Et voilà donc la li-
« berté que vous voulez nous donner ? celle
« des émeutes et du Charivari ! C'est le
« despotisme de la rue, le plus odieux de
« tous ! S'il m'était resté quelques scru-
« pules sur ma conduite parlementaire,
« vos actions les auraient dissipés. Oui, j'ai
« bien fait de contribuer à soustraire mon
« pays à vos violences, et j'y persévérerai.
« Et vous croyez agir ici en hommes libres !
« Non, vous n'êtes que des esclaves ; es-

« claves d'hommes qui vous trompent, et
« qui exploitent vos passions pour arriver
« à vous opprimer un jour; esclaves de ces
« sociétés populaires qui vous soufflent
« l'erreur et les mauvaises passions; es-
« claves des factieux qui vous mènent par
« le bout du nez. Allez, vous êtes indi-
« gnes de la liberté, puisque vous savez si
« mal en user! Vous l'assassinez par votre
« turbulence. Maintenant, charivarisez
« tant que vous voudrez. »

On ne dit pas si cette énergique allo-
cution a été suivie d'acclamations et si le
concert a continué. Ce qui est très présumable, c'est que les oreilles des charivariseurs ne sont guère plus disposées à
entendre de semblables vérités et à en
profiter, que celles des charivarisés à entendre et à goûter leur tapage.

Le 25 mai, M. le cardinal de Rohan, archevêque de Besançon, était revenu dans sa métropole. Il y fut reçu en général avec toutes les démonstrations du respect dû à son rang et à ses qualités personnelles. Mais cela ne faisait pas le compte de ces êtres turbulens, sans principes, sans asile, sans frein, et encore moins le compte de ceux qui les mettent en avant. Ces malheureux, s'attroupant le soir devant le palais archiépiscopal, firent retentir l'air de sons discordans, de cris, de huées ; et leur rage augmentait en raison de l'indignation des honnêtes gens. Ils se promettaient de renouveler ces scènes hideuses, et voici ce que les journaux du moment ont dit à cet égard : « Les craintes que l'on avait conçues à Besançon pour la nuit du 28 au 29 mai, ne se sont pas réalisées. Les précautions étaient prises, et rien n'a troublé la tranquillité publique. Dans les soirées précédentes, l'autorité a déployé une énergie à laquelle toute la population honnête a applaudi, ainsi qu'aux charges faites par la cavalerie contre les perturbateurs, où l'on voyait le ban et l'arrière-ban de tout ce qu'il y a de gens sans aveu à Besançon et dans les environs, des figures sinistres, des physionomies patibulaires, semblables à celles qui arrivaient dans cette ville après les journées de juillet, dans l'espoir de la piller. Les bruyans outrages dont M. le cardinal a été l'objet, ont donné lieu, de la part des citoyens honorables, à une énergique protestation, qui, le 30 mai, était déjà revêtue de six cents signatures. »

La *Gazette des Tribunaux* a annoncé que « dans la soirée du 3 juin un Charivari a été donné à M. l'évêque de Moulins, au sujet de son mandement sur le choléra. Des cris *à bas les carlistes! à bas les légitimistes!* se firent entendre. » La Gazette ajoute que « deux de ces derniers (les légitimistes), les sieurs Cliquet-Fontenay et de Perdrauville jeune, frappèrent de plusieurs coups de poignard deux des spectateurs ; que le sieur Cliquet, menacé par la populace, se réfugia dans la maison de son père, laquelle fut ouverte à l'aide de pièces de bois, et essuya plusieurs dégradations, que le procureur du Roi a constatées le lendemain. M. Cliquet-Fontenay était parvenu à s'échapper de la maison de son père, et l'on n'a pu découvrir le lieu de sa retraite. »

Voilà donc la *Gazette des Tribunaux* qui nous présente MM. Cloquet-Fontenay et de Perdrauville comme de vrais assassins, puisque, sans aucun motif, ils auraient frappé de coups de poignard des spectateurs. Voyons ce que va nous dire sur cet événement le *Journal du Bourbonnais*, écrit, dit-on, sans esprit de parti : « La veille, c'est-à-dire le 2 juin, dans une sérénade donnée à M. de Tracy, député, et du milieu de laquelle on entendit le cri *à bas les carlistes!* quelques voix avaient répondu par celui de *vivent les carlistes!* Or, dans le Charivari du lendemain, donné à M. l'évêque de Moulins, la populace crut reconnaître MM. Fontenay et Perdrauville comme ayant poussé ce dernier cri. On les assaillit violemment, on les renversa, et ce n'est que persuadé du droit de légitime défense, que M. Fontenay s'arma d'un instrument tranchant, frappa à son tour plusieurs

de ses agresseurs, et chercha un asile
sous le toit paternel, qui fut aussi atta-
qué, et ne lui présenta pas plus de sûreté.
M. Perdrauville, qui a seul été arrêté,
n'avait aucune arme. Du reste cette émeute
a été partielle : la population de Moulins
n'y a pris aucune part. »

Un journal du 18 juin dit très laconi-
quement : « Une trentaine de mauvais
sujets de Guéret ont donné un Charivari
à M. l'évêque de Limoges. »

A Altkirch, le 11 juin, M. Joussaud,
directeur des contributions indirectes, a
eu aussi les honneurs du Charivari.

Même aubaine est advenue, le 17 juin,
à M. le préfet de Poitiers. Ce sont des
jeunes gens qui l'en ont gratifié au mo-

ment où il donnait un bal. Les musiciens s'étaient réunis en fort grand nombre dans la rue Saint-Jean, et, crainte de surprise, ils avaient posé des sentinelles dans toutes les rues adjacentes. On ne dit pas le motif de cette ovation.

Voici un Charivari qui, rappelant l'ancienne cause de ces grotesques sérénades (un mariage), n'a cependant pas été entièrement étranger au vent politique qui domine en ce moment : « Le 17 juin, vers dix heures du soir, un attroupement d'environ trois ou quatre cents personnes s'est formé en face de l'hôtel du *Grand-Alexandre*, tenu par le sieur Barbier, à Poligny, à l'effet de donner un Charivari à son frère, nouvellement marié, qui, contre l'habitude du pays, n'avait pas donné un bal à la jeunesse. Dans ce tumulte, les cris *à bas les carlistes ! à bas les chouans ! à bas les blancs !* ont été proférés. Le commissaire de police s'y est transporté, afin de le faire cesser ; mais il a été méconnu, n'étant pas décoré des insignes de son autorité. La gendarmerie y étant arrivée, est parvenue, par la persuasion, à faire dissiper le rassemblement, et le reste de la nuit a été calme. »

Un journal du 12 juin rapporte qu'on a écrit d'Angoulême, au *National :* « M. Gellibert, député, qui vient d'arriver dans nos murs, a reçu aussitôt la visite du Préfet et du secrétaire général. Tout à coup la conversation de ces messieurs a été interrompue par un Charivari improvisé. Nos musiciens sont ensuite allés donner une sérénade à M. Dubois, de Nantes, qui se trouvait ici inspectant notre collége, et dont ils se souvenaient d'avoir vu le nom figurer au bas de la protestation contre le mot *sujet*. »

Cet article forme dans son ensemble une espèce de médaille fort honorable pour ces messieurs ; mais je ne sais vraiment lequel des deux doit occuper le revers : je pencherais pour M. Dubois.

Vers le commencement de juillet, « deux cents ouvriers ont donné un Charivari à M. Fabre d'Églantine, sous-directeur des constructions navales. Il paraît qu'il avait suggéré au préfet maritime un arrêté qui mécontente au plus haut point les ouvriers. Pendant le Charivari (incident très inconvenant, et qui n'est point en harmonie avec les principes charivariques), une quinzaine d'ouvriers ont pénétré dans la maison et brisé les meubles, en criant : *A bas Mayeux! Pendons Mayeux!* (il paraît que ce sous-directeur est bossu). M. Fabre d'Églantine s'est caché, et est parvenu à se soustraire aux recherches. Sa femme, dit-on, a montré un grand courage, et est parvenue à renvoyer ces turbulens de sa maison. Le sous-préfet, qui s'est porté sur le lieu du rassemblement, a fait une harangue, à laquelle les ouvriers ont répondu par des injures. La force armée n'est pas intervenue : le commandant de la place n'a sans doute pas été prévenu des troubles. »

On lit dans un journal du 26 juillet : « La *Gazette du Midi* transmet les nouvelles suivantes d'Aix. On prétend qu'en France tout finit par des chansons ; il paraît qu'aujourd'hui tout finit par des

Charivaris. Nous sommes maintenant parfaitement tranquilles, à cela près que chaque soir M. le sous-préfet d'Aix (M. Chave) est salué d'un Charivari à grand orchestre; puis des houras se font entendre, puis on crie : *A bas le sous-préfet!* puis tout le monde va se coucher. » Bonne nuit !

Vous souvient-il de M. le colonel Simon Lorière, très connu et même fameux par ses pétitions annuellement et vainement renouvelées sous les anciennes et déplorables Chambres, pour obtenir un traitement auquel il avait sans doute tous les droits possibles. M. Simon Lorière faisait alors cause commune avec la fine fleur des patriotes de Dijon, dont tous les vœux et les efforts tendaient à nous débarrasser de la tyrannique oppression des Bourbons aînés; le soleil de juillet a

fait disparaître cet épouvantable despotisme, et M. le colonel Simon Lorière a
été nommé commandant de Nantes. Satisfait de voir sa patrie délivrée du joug,
et de jouir d'un traitement supérieur à
celui qu'il réclamait, M. le colonel n'est
plus partisan du changement; il tient
ferme pour l'ordre public et pour la stabilité du gouvernement actuel. Tout cela
est fort bien dans sa résidence de Nantes,
où il est depuis deux ans; mais à Dijon,
c'est différent. Désirant revoir cette ville,
il y est arrivé le 28 juillet; et le soir
même, en sa qualité de partisan de l'ordre, il a été gratifié par ses anciens
amis d'un Charivari parfaitement condi-
tionné, accompagné de ces douces paroles
répétées par intervalle : *C'est pour Simon
Lorière, qui est tombé dans la pétaudière;
à bas le renégat !* Tous les instrumens de

petite et grande batterie de cuisine s'y sont rencontrés, et par leur mélodieux cliquetis ont enlevé tous les suffrages, excepté celui de M. le colonel, qui, dans son humeur chagrine, a noirci trois ou quatre colonnes des journaux du département de la Côte-d'Or, pour se blanchir aux yeux de ses ingrats amis.

Le 10 août, M. le vicomte Benjamin Dejean, préfet de l'Aude (dont nous avons déjà charivariquement parlé), qui passait à la préfecture du Puy-de-Dôme, se trouvant à Villefranche (Aveyron), allait recevoir encore une de ces sortes de concerts du haut genre, quand le préfet, le sous-préfet et le général sont parvenus à dissiper le rassemblement musical.

Le 10 septembre, quelques individus de

Clermont-Ferrand ont encore voulu donner un Charivari à leur nouveau préfet,
M. le vicomte Dejean ; ils ont été dispersés,
et cinq d'entre eux ont été arrêtés.

« Le 17 août, on a vu se renouveler, à
Marseille, à dix heures du soir, sur le cours
Julien, l'antique usage de donner le Charivari à deux époux mariés en secondes noces.
Les jeunes artistes employés à ce concert
burlesque voulaient le continuer de jour
en jour, jusqu'à ce qu'on se décidât à les
payer d'un bal ou autrement pour les faire
taire ; mais un piquet envoyé sur la place
le lendemain s'opposa au renouvellement
du tapage ; la chose en resta là, les époux
purent dormir tranquilles

Un grave journal, dont tous les articles sont marqués au bon coin, fit à ce sujet les réflexions suivantes : « Il serait bon

temps, à une époque de lumières et de raison, de mettre de côté ces gothiques facéties dont usaient nos aïeux pour se distraire de leur nullité politique, et faire, pour ainsi dire, acte de présence dans ce monde. D'ailleurs le Charivari, ennobli par la récente destination qu'on lui a donnée, ne saurait plus se prêter à des scènes grotesques; il est désormais, pour les consciences parlementaires et administratives, ce que la hache fut jadis pour les castes nobiliaires. » Quoi de plus admirable, de plus juste et de plus précis que cette comparaison de la marmite du Charivari avec la hache de la *Némésis !* Cela suffit pour convaincre du progrès des lumières toutes les perruques, ganaches et momies les plus encroûtées !

Le Charivari est ordinairement enfant

de cette grosse gaîté populaire qui s'exhale en sons bruyans, en cris aigus, en huées, etc.; mais s'il passe aux injures, aux insultes, aux voies de fait, c'est un mauvais sujet qu'il faut corriger, châtier et réprimer : c'est ce qu'a bien mérité celui dont nous allons raconter l'aventure, d'après les journaux du 27 août.

« M. le baron de Schonen, député, colonel de la IXe légion de la garde nationale parisienne, et procureur général à la Cour des Comptes, revenait, le 23 août, à Paris par Moulins, après avoir passé quelque temps dans une propriété voisine de cette dernière ville. Il était sept heures du soir; on apprit bientôt sa présence à Moulins, et trois ou quatre cents individus vinrent exécuter sous les fenêtres de l'hôtel où il était descendu un Charivari qu'ils accom-

pagnèrent des cris *à bas le juste-milieu!*
à bas le député ventru! à bas le renégat!
à bas l'homme vendu au pouvoir! Ce n'est
pas tout : au moment de partir, seul dans
le coupé de la diligence, M. de Schonen
fut assailli par une centaine de ces *patrio-*
tes, qui proférèrent contre lui des injures
grossières, de sales invectives ; ils poussè-
rent même le cri *à la lanterne!* puis, ils
en vinrent à de graves violences. Seul contre tous, le député voyageur n'avait
d'abord pour défense que le secours de
ses mains ; mais il est parvenu à arracher
à l'un des assaillans une canne dont il s'est
servi pour repousser les attaques qui se
succédaient sans relâche. Dans la lutte
cette canne a été brisée ; le tronçon en est
encore aux mains de M. de Schonen, dont
les perturbateurs criaient qu'il fallait faire
justice. Un coffre placé devant la boutique

d'un épicier lui fut lancé à la tête ; le volume du projectile l'a seul empêché d'at-
teindre son but.....»

Il paraît que les auteurs et acteurs de
cette scène de désordre ont été connus et
arrêtés ; car les journaux du 6 octobre annoncent « qu'un M. Clostre, inculpé dans
l'affaire du Charivari de M. de Schonen,
vient d'être mis en liberté sous caution. »

Le *Pilote du Calvados* rend compte en
ces termes du Charivari dont M. le préfet
Target a été l'objet, le 28 août, à Lisieux :

« C'était hier sur le minuit, au moment
peut-être où, plongé dans les douceurs du
sommeil, M. le préfet voyait se renouveler
dans un songe le triomphe dont il a été
l'objet deux jours auparavant. Tout à coup

une explosion d'instrumens discordans se fait entendre sous ses fenêtres; le bruit des chaudrons, des poêles, des casseroles, se mêle à celui des sifflets, des huées, des éclats de rire et d'une espèce de tam-tam qui dominait toute l'harmonie et produisait un effet prodigieux. Tout cela avait quelque chose de sur-humain, de diabolique, d'infernal, impossible à décrire. Assurément on ne fait pas d'autre musique dans les lieux bas de l'autre monde. Après quelques instans d'exécution, le concert s'arrêta brusquement à un signal donné par le redoutable tam-tam. Alors un des concertans emboucha un énorme porte-voix, et fit mugir ces mots, qui faisaient vibrer les fenêtres du quartier : *A la créature du pouvoir, au renégat politique, à M. Target, préfet du Calvados!* Un second morceau de la bruyante musique suivit ces paroles; puis après l'orchestre se dissipa avec ordre, sans interrompre plus long-temps le sommeil des habitans, le tout conformément aux principes adoptés pour les Charivaris. »

Comme grand amateur de ces brillans concerts en plein air qui nous occupent, et curieux de tout ce qui peut tendre à leur perfection, j'ai lu avec trop de plaisir l'annonce suivante dans un journal du 8 septembre, pour n'en pas faire part à M. le docteur Calybariat :

« Le Charivari fait maintenant partie des beaux-arts; on va instituer une école de Charivari au Conservatoire de musique, et l'on verra bientôt des cartes avec cette suscription : « Monsieur un tel donne des « leçons de Charivari pour la ville et pour « la province. »

« Le 25 septembre, la présence de M. Portalis à Toulon a été l'occasion de quelques désordres. Les mêmes hommes qui voulaient offrir au député du *Compte-rendu* les honneurs de la sérénade, ont voulu charivariser en même temps le maire, chez lequel logeait M. Portalis. Il en est résulté des scènes de tumulte qui ont nécessité l'intervention de la force armée. Le 26 et le 27, les troubles ont continué. La garde nationale et la troupe de ligne ont dissipé les rassemblemens. »

Dans la nuit du 28 septembre, la ville du Havre devint le théâtre de scènes tumultueuses occasionnées par un Charivari décerné à M. Adam Lamotte. Elles furent renouvelées dans la nuit du 29 septembre par un nouveau Charivari, qui nécessita l'intervention de la force publique. Voici les détails qui ont été publiés sur cet événement.

« Après le Charivari décerné à M. Adam Lamotte, dans la nuit du 28, les ressentimens semblaient calmés, et la paix publique assurée, lorsqu'une lettre de M. Lamotte parut dans un journal. Cette lettre, sur l'inopportunité de laquelle nous n'insisterons pas, par égard pour la position de M. Lamotte, a suffi pour réveiller des haines mal éteintes, et rendre aux passions toute leur violence de la veille.

« Hier, vers neuf heures du soir, une centaine d'individus, armés pour la plupart de sonnettes, de cornets et de porte-voix, se rassemblèrent sur la place de la Comédie, présentant le spectacle d'une multitude effervescente, et, de là, se diri-

gèrent vers la rue Dauphine, en chantant
la *Parisienne* et la *Marseillaise.*

« Arrivé devant la maison de M. Lamotte, le rassemblement se grossit de plusieurs centaines d'ouvriers et de gens de
diverses professions. Les cris *A bas le
carliste! à bas le chouan!* se mêlaient au
bruit discordant du Charivari; l'exaltation
allait croissant, et déjà de plus affligeans
désordres étaient à craindre.

« Un piquet de la garde nationale, ac-
couru pour rétablir le calme, se plaça devant la maison de M. Lamotte, et la pro-
tégea momentanément contre les violences
dont elle paraissait menacée. Cependant
la voix du commissaire de police cher-
chait en vain à se faire entendre. Alors arriva M. le sous-préfet, qui parvint à
adresser quelques sages remontrances aux

perturbateurs ; mais elles ne furent appré-
ciées que par une partie d'entre eux, et
demeurèrent à peu près sans résultat.
M. le maire, M. Lahoussaye, adjoint,
M. le commandant de place, M. le lieu-
tenant-colonel de la garde nationale, et
M. le lieutenant-commandant la gendarmerie, appuyés de plusieurs compagnies
de la ligne, réunirent leurs efforts pour
mettre fin à ce désordre sans employer
la force publique. Les vociférations con-
tinuèrent, et une assez grande quantité de
pierres furent lancées dans les fenêtres de
la maison habitée par M. Lamotte. Quelques uns essayèrent d'y arborer un drapeau tricolore, d'autres attachèrent un
mouchoir blanc au bout d'un bâton, et le
livrèrent aux-flammes.

« Enfin, vers dix heures et demie, un

nouveau détachement de la ligne vint mettre à la disposition des autorités la force suffisante pour terminer cette scène scandaleuse. La rue Dauphine ne fut pourtant pas évacuée sans peine. Ce ne fut que vers minuit et demi que l'ordre fut complétement rétabli, et que la ville rentra dans le calme et le silence.

« Nous ajouterons peu de réflexions aux déplorables images que nous venons de retracer. Sans examiner si la lettre de M. Lamotte ne pouvait point paraître, dans cette circonstance, une manifestation imprudente, et, pour ainsi dire, une provocation, nous rappellerons aux habitans du Havre, à cette population digne de donner l'exemple de la sagesse, comme elle est un modèle de patriotisme, nous lui rappellerons, dis-je, cette modération dont elle ne s'était point encore écartée. Notre ville, si paisible jusqu'à ce jour, et dont la tranquillité fait la richesse, ne sera plus troublée, nous l'espérons, par des désordres que la raison publique condamne, et que désavoue la majesté nationale, dont nous défendons la cause.

« M. Lamotte a donné sa démission de membre de la chambre de commerce et de juge au tribunal de commerce. »

Les Charivaris paraissent être maintenant en permanence, tant il se rencontre d'artistes de bonne volonté pour l'exécution. Ils n'ont pas plus tôt cessé dans une ville qu'ils recommencent dans une autre.

On écrit de Nantes qu'aussitôt que la nomination et l'arrivée du nouveau préfet,

M. Maurice Duval, y ont été annoncées, les émeutiers de la ville (artistes démocratiques, et non légitimistes, car on pourrait s'y tromper) ont résolu de lui faire un accueil tel que le séjour de Nantes lui devînt insupportable, et l'exercice de son autorité impossible. En conséquence un Charivari *de la plus grande dimension* a été organisé. Le 15 octobre, à six heures du soir, M. Maurice Duval était à peine arrivé que le tapage a commencé devant l'hôtel où il était descendu. Le tumulte a duré plusieurs heures. La porte même de l'hôtel a été brisée. Le lieutenant-général comte d'Erlon et le maire se sont rendus sur la place, où il y eut encore quelque désordre ; mais le lendemain 16 l'ordre s'est peu à peu rétabli. Une proclamation du préfet avait produit l'impression la plus favorable.

« Nous ne répéterons pas ce que nous avons dit tant de fois sur l'ignoble Charivari (dit un journal raisonnable) ; aussi bien, quel homme de bon sens ne sait pas aujourd'hui, en France, que l'esprit n'exprime point sa pensée en frappant sur une casserole, et que cette éloquence de chaudrons et de tambours est la triste ressource des gens sans pensée politique! »

Nous terminons ici la belle, mais pénible tâche que nous avait imposée le silence du docteur Calybariat, tout en reconnaissant cependant que nous ne sommes pas entièrement exempt du reproche que nous lui avons fait ; car nous convenons franchement que notre travail, comme tout ce qui sort de la main des hommes, offre encore des imperfections et même quelques lacunes: On y cherche-

rait en vain le Charivari donné à M. le procureur du Roi à Marseille, en juillet ; à
M. Léon Saladin, préfet de Saône-et-Loire,
en août; à M. Latourette, sous-préfet à
Montpellier ; à M. Germain, à Fécamp ; à
M. le général Leydet, à Gap ; à M. Edmond
Blanc, à Limoges ; à M. Reboux-le-Roy,
imprimeur à Lille, avec accompagnement
de vitres cassées ; à M. de Berbis, le 14 octobre, à Dijon, etc. Savez-vous pourquoi ces
messieurs ne sont pas mentionnés dans le
corps de notre ouvrage ? C'est que les uns
n'ont eu que des essais de Charivari, et que
pour les autres les détails nous ont manqué.
Il se trouvera sans doute encore quelques
bienheureux charivarisés qui éprouveront
le vif regret d'avoir été totalement passés
sous silence dans notre curieux répertoire ;
qu'ils se consolent, il y a remède à cela : mes
noms, prénoms et qualités sont en tête de ce

Supplément; ils peuvent m'adresser leurs réclamations, je leur promets d'y avoir le plus grand égard, et de transmettre fidèlement à la postérité tous les détails qu'ils voudront bien me faire parvenir sur les honneurs bruyans qu'ils auront partagés avec leurs heureux collègues. Il est bien juste que leurs noms brillent également au temple de mémoire.

Et moi, j'espère bien que quelques uns des rayons de la gloire que s'est acquise le docteur Calybariat viendront sillonner mon front, puisque j'ai eu le bonheur de mettre la dernière pierre à ce temple auguste, sur le fronton duquel je propose de faire graver en grosses lettres d'or :

PANTHÉON DU CHARIVARI.

TABLE DES MATIÈRES.

La dernière feuille de l'ouvrage du docteur Calybariat allait être mise sous presse, lorsque le Complément du sieur Éloi-Christophe Bassinet est parvenu à l'imprimeur; c'est pourquoi il n'a pas été possible d'insérer dans la Table des matières, qui était achevée, le contenu de cet intéressant Complément.

FIN DE LA TABLE DES MATIÈRES.

DE L'IMPRIMERIE DE CRAPELET,
rue de Vaugirard, n° 9.

www.ingramcontent.com/pod-product-compliance
Ingram Content Group UK Ltd.
Pitfield, Milton Keynes, MK11 3LW, UK
UKHW020126130726
13696UKWH00001B/218